SHODENSHA
SHINSHO

老人ホーム　リアルな暮らし

小嶋勝利

祥伝社新書

はじめに

本書を私に多くのことを教えてくれた多くの無名の老人ホーム入居者の皆さんに捧げます。

私が有料老人ホーム業界で働き始めた頃は、まだまだ、老人ホームは、一部の富裕層（エリート層）のためのものでした。あれから十数年。有料老人ホームは、広く一般大衆化され、今では多くの高齢者の生活を支えるまでに成長しました。しかし、相変わらず、老人ホームは大きな誤解の中に存在しています。

たとえば「老人ホームになんか入りたくない」。

こういう方々は、実に多く存在します。さらに、私のような介護、医療関係従事者の中にも「老人ホームなんて……」というネガティブな考え方の専門家は意外に多いと思います。

そのような方々は、老人ホームで実際に生活をしたことのない方々でもあります。生活経験のない方々が、何となくのイメージだけで老人ホームを否定している。残念ですが、これが現状ではないでしょうか?

私は、老人ホームを手放しで〝素晴らしい〟なんて言うつもりは、毛頭（もうとう）ありません。しかし、多くの方々にとって、有料老人ホームは人生の一部を過ごす効果的なツールになりうると考えています。家族だけでは解決することができない事象に対し、第三者の立場で冷静に関わり、適切な支援をすることが、老人ホームにはできるのです。

私の経験から申し上げると、多くの高齢者が老人ホームに入居し、満足度の高い生活を送っています。特に、独居の高齢者にとって、老人ホームは社会と自分とを〝繋ぐ〟コネクターの役割も担（にな）っています。孤独死が社会問題として取り上げられていますが、原則として、老人ホームでは孤独死の問題はありません。

もちろん、中には、孤独を好む高齢者も存在すると思いますが、そのような高齢者は老人ホームに無理に入居する必要はありません。

本書は、高齢者やその家族に対し、老人ホームの正しい理解を深めていただきたく書き下ろしたものです。多くは、私の経験を元に書き下ろしました。私の経験を一人でも多くの皆さまと共有し、有意義な高齢期の生活に役に立てていただければと考えています。

食わず嫌いと言いますが、どうぞ、老人ホームのことを食わず嫌いにならないでください。無責任な口コミの噂話に惑わされないようにしてください。老人ホームは、多くの皆さんにとって、きっと効果的な〝住まい〟になるはずです。もし、入居した老人ホームが「自分に合わない」というような場合、我慢をしないで次の老人ホームを探せばよいのです。我慢してそこに留まる必要などありません。こう考えると、少しは気が楽になってきませんか？　そう、老人ホームとは、もっと気楽な身近なものなのです。

最後に、本書が老人ホームの健全な発展に寄与できることを、願ってやみません。
そして、老人ホームを探している高齢者の方にとって、強い味方になることを祈念しています。

平成三十一年一月

小嶋勝利(こじまかつとし)

目次

第2章　リアルに疑似体験——老人ホームの24時間　51

第3章　老人ホームで働く介護職員って、どんな人？　93

第4章　エピソード集　老人ホームで起こるさまざまな出来事　115

目次

目次

第1章

老人ホームで暮らすということ

深刻な介護職員不足

最近の老人ホーム業界の現状を眺めていると、「職員が足りない」と訴えるホームが目立ちます。ほとんどのホーム運営事業者が、職員不足であると言っています。

そして、その職員不足を解消するために、あるホームでは外国人技能実習生の獲得に精を出し、またあるホームでは、ＡＩやＩｏＴの活用により業務の合理化、効率化を目指しています。このことだけを見ると、それはまるで、自動車の組み立て工場の話のようにも思えます。老人ホームをはじめとする介護事業者にとって、そのくらい、介護職員不足は深刻な問題になっているのです。

しかし、私は、職員不足については、近い未来、解消していくと考えています。ただし、解消したからといって、介護保険事業が順風満帆（じゅんぷうまんぱん）だということではありません。解消したとしても介護保険業界の進むべき道については、大きな危惧（きぐ）を持っているのです。

介護職員が辞める理由は、割に合わないから

現在、老人ホーム業界はM&A真っ盛りです。多くの売りたい老人ホームがあり、それと同じくらい多くの買いたい老人ホームがあります。

売りたい老人ホームの経営者の心の中を想像すると、価値のあるうちにお金に換えて利益を確定させておきたい、ということです。今なら、まだ価値があるので売れる、しかし、1年後には価値はなくなるから売れなくなる。だから早く売ろう、ということです。

買いたい老人ホームの経営者の心の中は、とにかく規模を大きくしないと利益が出ないので、金のある限り買いまくり、規模を大きくしていくことを最優先したい、ということだと思います。

M&Aを通して、老人ホームの運営事業者数は今後減っていくことになります。さらに、運営ホーム数も今後は減っていくはずです。なぜなら、M&Aで膨張(ぼうちょう)したホームの立場を考えた場合、買収した企業の保有しているすべてのホームが、必要なホームとはならないからです。

既存ホームに近いとか、収益が悪すぎるとか、さまざまな理由から不要になるホームが出現するので、ホームの数も減少していくことになります。ホームの数が減少すれば、今後は容易に入居することができないという現象が出てくるため、ホーム側にとっては、今までのような採算度外視の生存競争から解放されます。十分な利益を取って運営することが可能になり、介護職員にとっても割に合わない仕事ではなくなります。

この現象は、しばらくの間、加速はしても、減速をするようには見えません。M&Aは、ますます激しくなっていくばかりです。

ここで少し危惧していることを記しておきたいと思います。M&Aが進み、事業者の整理が進むと、その結果、一部の大手事業者による寡占運営になっていきます。つまり、老人ホームは、企業ごとに存在していた個性がなくなり、介護支援の方法論は、いくつかのパターンに集約され、つまらないものになってしまいます。

介護支援とは、きわめて個別性の強いものです。人によっては、10人いれば10通りの介護支援が存在しますが、一部の大手ホームに収斂されていくと、ホーム側の提供する流派に自身が合わせなければならない日が来るのかもしれません。

しかし、介護保険制度自体がなくなるよりは、あったほうがまだましだ、ということとして考えたほうがよさそうです。

介護職員が足りない根本的な理由

介護職員がいない根本的な理由は何か？　一言で言えば、仕事に対する魅力がないということになります。もう少しわかりやすく言うと、割に合わない仕事であるということです。

このような現状では、介護職になる人などいるはずもありません。当たり前の話です。普通に考えた場合、割が合わない仕事だというのであれば、割を合わせれば解決しますが、関係者がその「割」の本質についてまったく理解していないので、解決することはできません。

先に結論を言っておきます。介護保険事業を公的保険事業として今後も運営していくつもりがあるなら、今のような「サービス業だ」などと言う寝言（ねごと）はやめて、制度事業として、公的事業として取り組み直せば解決します。

私の持論ですが、サービス業とは、自由競争市場の中でしか成立しないと思います。つまり、おのおのが努力や工夫を重ね、他社より少しでも良いサービスを提供することができれば、他社より売上が上がり、収益も上がり、結果社員の賃金も上がる。そして、これらのことを追求するために、知恵を出し、マーケティングに力を入れ、営業戦略を考えることです。その結果、ターゲットを絞り込んで少ない資本や労力で、大きな成果を上げることを考え、実行されていくものなのです。

しかし介護保険制度では、このような概念は原則否定されています。たとえば、売上に相当する介護報酬は、全事業者同一であり、企業努力で報酬単価が上がることはありません。さらに、すべての事業者に対し、職員の配置基準を設け、決められた資格を持った職員の配置と、総職員の配置人数を定めています。

つまり、企業の努力や戦略で、職員数を増やすことはできても、減らすことはできない仕組みになっています。さらには、能力の有無(うむ)に関わらず、一定の資格を持つ職員を配置しなければならない宿命にもなっています。

私は前々から、介護保険事業は失業者に対する雇用政策の中で発展してきた業界であると言ってきていますが、まさに、資格さえ取得すれば、どのような人であっても、仕事にありつけ、一定の所得を得ることができるという仕組みになっているのです。ちなみに、昨今の現状では、資格さえあれば、ほぼ無条件で仕事に就くことができるはずです。

さらに、ホームの運営には、行政が定めたルールがあるので、事業者による「とっぴなアイデア」は原則すべて不適切とされ、どの事業者も同じような運営方法にならざるをえません。つまり、同業他社との差別化が難しく、どうしても差別化をするのであれば、自身の収益を犠牲にして、介護職員を他のホームよりも多く配置するか、看護師など付加価値の高い職員を手厚く配置するか。または建物を絢爛豪華にするとか、駅前立地にするなど不動産建設の視点で考える以外に方法はありません。

要は、サービス業だと言いながら、実態は自由な競争をし、創意工夫で解決できるような事業環境下にはないということなのです。

実は、これが、結果として職員が介護業界から逃げ出していく根本的な理由になります。サービス業だと言われるので、工夫してサービスの内容を考えても、「そのサービスはルール違反ですよ」と言われてしまう業界です。私もそうですが、介護業界に身を置いた者の多くが感じていることは、「余計なことはしないで、言われたことだけを忠実にやっていればそれでよい」という圧力です。

多くの有識者が、介護職員の賃金を上げないと職員の離職は止まらない、と主張しています。たしかに、賃金を上げることは、何もしないよりは効果はあると思います。しかし、今の実情の中で、賃金を上げるということは、事業者の収益が悪化するだけなので、得策とは言えません。

それより、配置基準を撤廃したり、資格で運営を縛ることをやめて、ホームの淘汰を市場に委ねれば、知恵のある事業者が、収益を上げながら職員に対し高い賃金を支払えるスキームを生み出せる可能性が出てくると思います。つまり、公的保険制度ではない介護事業を行なうことで、介護職員は介護事業に戻ってくると私は考えています。

低所得者には、セーフティーネットとしての介護保険制度を

つまり、低所得者向けには、公的な介護保険制度を維持しながら、必要な支援を提供する従来の仕組みを堅持し、一定以上の所得や資産がある人には、自由診療ならぬ、自由な介護サービスを自費にて提供する介護事業者を育成していくことが、職員不足を解消するための最善の方法だと、私は考えています。

そして、今の介護業界は数年でこのようになると考えています。低所得者に対しては、措置として、必要最低限のことを低価格で提供していく。老後の安心と当時に、介護職員に対する過度な期待をしないことを申し合わせる。そのことで、多くの収入は見込めないが、気軽に仕事ができることで仕事に戻ってきてもらうことを目指します。逆に、高所得者向けには、全額、利用者の自費で行なうことにより、多くの売上や収益が見込める代わりに、能力の高い職員が求められるため、仕事は大変だけど収入も多いという働き方になります。そうすれば意識の高い職員や向上心の高い職員が仕事に戻ってくると考えています。

一つ屋根の下でみんなで生活する、という暮らし方

私は、高齢者が老人ホームで暮らすことに対し、大いに賛成の立場に立つ人間です。

これは、何も私が老人ホームの紹介センター業に関わっているからではありません。長年、高齢者介護の現場を見てきたから、そういう結論に達するのです。もちろん、自分が高齢期になり、老人ホームに入るだけの経済余力があれば、ぜひとも、老人ホームに入りたいと考えています。大げさに言えば、自分の老後は、老人ホームで生活することが目標になっているほどです。

しかし、これだけ多くの老人ホームが開設され、多くの入居者にご入居していただいているにもかかわらず、まだまだ老人ホームのことを正しく理解していただけていません。正直、ショックも受けています。特に、介護関係の職にある人たちの老人ホームへの批判的な意見には驚かされます。私の周辺にいる介護職の人たちからも、「私は老人ホームには絶対に入りたくない」という声が多く聞こえてきます。

なぜそのような声が多いのでしょうか？　よくよく考えてみると明白ですが、老人

ホームのことを批判的に考え、批判的な話をする人たちの多くは、実際に老人ホームに入居したことがない人たちのようです。つまり、老人ホームに入居したことがない人たちが、「老人ホームになんか入りたくない」と言っているのです。

さらには、これらの批判的な人たちは、自身が真剣に老人ホームへの入居を考えていない人たちでもあります。老人ホームは費用が高額になるので、自分たちには関係のない代物（しろもの）、別世界のものと考えている人も多くいます。いずれにしても、老人ホームに対するイメージだけが先行し、その後は人から聞いた話や、テレビなどのメディアが垂れ（た）流している話を自身の空想の中でつなぎ合わせ、〝老人ホームなんてろくなものではない〟と言っているにすぎません。

老人ホームに入居する人は、人生の負け組なのでしょうか？

「老人ホームなんか入りたくない」と考える人たちは、老人ホームという存在をいったいどのように捉（とら）えているのでしょうか。

老人ホームに入るということは、人生の負け組？　老人ホームに入居しなければならない高齢者とは、自分の子供たちから支援を受けることができない気の毒な高齢者、というイメージを持っている人がいます。平たく言うと、子供たちに見捨てられた高齢者ということにもなります。

たしかに、老人ホームに入居者する高齢者の中には、このような側面を持っている人も存在します。しかし、彼らの多くは、自分の意思で老人ホームに入居を決めています。子供から見捨てられたのではなく、子供には子供の人生があり、自分には自分の人生があるといった、自立した高齢者がほとんどです。

以前、私が老人ホームへの入居相談を通して、子供がいない高齢者の相談を受けた時の話です。老人ホームに入居するには「身元引受人」の選任が欠かせません。呼び方は会社ごとに異(こと)なりますが、要は、老人ホームの家賃などの月額利用料などの支払いに関する連帯保証と入院や手術時などの同意、さらには亡くなった時の遺体の引き取りを義務づけられる人の選任を言います。

多くの入居者は、子供を選任し、子供も無条件で引き受けるケースが多いのですが、子供のいない高齢者の場合、引き受け手がいないのが現実でした。兄弟は、同じように高齢化しており、保証能力はありません。友人も同じです。多くの財産を持っている高齢者であれば、甥（おい）とか姪（めい）という立場の人、つまり相続人がその役割を果たしますが、そうでなければ、なかなか承諾を取るのは難しいのが現実です。稀（まれ）に、組織の長として長年尽力してきた高齢者の場合、その組織がすべてを引き受けてくれるケースもありますが、これは異例中の異例です。

というような現実から、子供のいない高齢者の場合、身元引受人を選定することは容易ではありません。そこで、専門家に依頼し身元保証に関する商品を作ってもらい、引き受けを実現させたことがあります。その時、想定外のことが起こりました。それは、子供のいない一人高齢者を対象に開発した商品にもかかわらず、ニーズのかなりの部分を子供がいる高齢者が占めたのです。要は、「子供はいるが、子供の支配下に入るのは嫌だ。だから、老人ホームに入居した後も、子供とは一定の距離を置いていたい」というニーズなのでした。もっと言うと、自分の財産を自分がどう使おうと子供にとやかく言われるのは嫌だ、という高齢者が想定外に多かったのです。つまり、子供の世話にはなりたくない、子供から生活に関する支配を受けたくない、自由に暮らしたい、という高齢者は、皆さんが考えている以上に存在しているということではないでしょうか。家族仲良く3世帯同居の大家族。このような生活スタイルが高齢者の幸福であるというのとは違う価値観も多くあるのです。

老人ホームでの生活は、プライバシーがない？

老人ホームでの生活は、プライバシーがなく、人やルールから束縛される生活。そう感じている読者も多いと思います。

多くの老人ホーム否定派から発せられる話の中には、「拘束されるのは、まっぴらごめん。自由に好きなように生きていきたい」と言います。たしかに、老人ホームでの生活は、老人ホームの都合に支配されるケースが目立ちます。

特別養護老人ホームや介護付き有料老人ホームの場合は、このことは顕著に表われます。（詳細は拙著『誰も書かなかった老人ホーム』参照）。食事時間や入浴時間など一日のイベントの多くは、ホーム側の都合で決定され、入居者はその都合に合わせなければなりません。そうはいっても、荒唐無稽な時間帯にイベントが設定されているわけではないので、ホームの都合に合わせることは、今まで普通の生活を送ってきている人にとってはストレスにはなりません。私も経験がありますが、作家の入居者などの場合や、昼夜が逆転して生活をしている人などの場合、介護付き有料老人ホームでの生活は慣れるまでには苦労をしそうです。

ここで読者の皆さんによく考えてほしいのは、プライバシーの侵害と安心安全の確保は両立させることが不可能に近い、という事実です。多くの老人ホームの運営方針は、入居者の安心安全を最優先させることにあります。安心安全を最優先するためには、個人のプライバシーは、一定レベルで犠牲になるのはやむをえないことだと思います。

その昔、私が働いていた老人ホームは、ホーム内のすべてのところに監視カメラ（当時は「見守りカメラ」と言いました）を配置し、職員が業務を行なう管理室で一元監視をするスタイルを取っていました。当然、全居室内もモニターできます。この見守りシステムのお陰で、入居者や家族に絶大なる信頼を得、高水準の入居率を誇っていたのも事実です。働く介護職員側も、このカメラのお陰で心配ごとを軽減することができました。たとえば、人手が極端に少なくなる深夜帯などで心配な入居者がいる場合などは、カメラの設定を変えて、重点的にその人のモニタリングで様子を観察をすることが可能でした。つまり、カメラの存在は、職員一人分程度の労力を持っていたと思います。多くの入居希望者やその家族に対し、このカメラ監視の仕組みを説明すれば、「入居させてください」「母をお願いします」と言われたものでした。

しかし、時代の流れと共に個人のプライバシーに対する認識が変わり、保険者である行政からは、「このカメラは入居者のプライバシーを侵害している」と言われ始めました。当時、私は、本社スタッフとして行政と協議をしていましたが、行政からは「入居者全員から同意書をもらうこと」という条件を付けられました。運用上、当初から、本人および家族からの同意書は存在しています。特に自立系の入居者の場合、居室内のモニタリングを希望されない入居者の場合は、当然カメラは居室には設置していませんでしたが、行政の要請は、全入居者つまり、認知症の入居者、寝たきりの入居者、すべての入居者から本人が署名した同意書を取らなければ許さないという指示だったのです。

当たり前のことですが、重度の認知症の入居者にカメラの話をしても、話は理解できません。ご家族に対し、行政の指導なので……と言うと、多くの家族は怪訝な顔をしながら、「とにかく、今まで通りモニタリングを継続してほしい」と言って、自分の認知症の親に対し、書類にサインをするように求めていたことを思い出します。数年後、結局、カメラは「不適切だ」という理由で、全ホームから外されることになりました。

介護とは、個人のプライバシーに対し、ずかずかと土足で踏み入らなければできない仕事です。つまり、プライバシーを守りながら責任ある介護を行ない、「安全と安心を守るということはできない」ということを理解する必要があります。個人のプライバシーに対し、ずかずかと立ち入るのであるからこそ、そこには礼儀があり、人のことを考える「思いやり」が求められているはずです。介護業界はよく「お節介」をすることを求められますが、お節介とは、節度のある介入と訳すはずです。

しかし、今の介護業界、老人ホーム業界に突きつけられているテーマは、「入居者の安心安全は確実に確保しなさい。ただし、個人のプライバシーを侵害してはいけません」ということです。そんなことができる仕組みは、はたして存在するのでしょうか？　今の報酬体系（もっと多くの報酬を払えば話は別ですが）のもとに勤務している介護職員に対し、そこまで求めることに経済合理性はあるのでしょうか。私はないと思います。つまり、無理だということです。

老人ホームの大きな流れとしては、入居者の安心安全の確保には目をつぶり、個人のプライバシーの確保に対し一所懸命なホームと、昔の私たちのように機器を活用して（当時はカメラ、今はＡＩやＩｏＴの活用）、安心と安全を確保しながら、プライバシーの確保の両立を目指すホームとに分かれています。

一番重要なことは、介護という仕事は、「けっして傍観者になってはいけない」ということです。老人ホームなどを訪問すると、「入居者と寄り添う介護」をテーマにしているホームが多くありますが、入居者と寄り添うということは、傍観者ではなく当事者として入居者やその家族と対峙することだと、理解しなければなりません。プライバシーの侵害と介護支援との関係は、読者の皆さんが考えている以上に、実は重要で難しい問題なのだということをご理解ください。

老人ホームの実態は多様性の坩堝（るつぼ）。しかし……

「多様性」。最近よく聞くキーワードです。老人ホームとは、まさに多様性の坩堝です。多くの老人ホームでは、フロアや建物ごとに入居者の区別をして管理しています。2階は認知症のフロアとか3階は自立者のフロアとか、A棟は介護棟、B棟は自立棟などという具合です。しかし、これは最初だけで、しばらくすると、この区分は徐々に崩壊していきます。原因は何でしょうか？

一番の原因はいたって単純。フロアの空室に対し、上手（うま）くニーズに合った入居者を入居させることができないからです。認知症フロアの空室は0室。でも自立者向けフロアの空室は5室ある場合、会社側は空室を早く埋めたいと考え、早々に理想とする介護を捨てて、多少の認知症状なら「問題なし」と結論をつけて自立のフロアに入居させてしまうからです。

私の経験上、このケースは、ホーム運営に対しどこのセクションが力を持っているかによって、変わってくるように思えます。どのような決断になっても、全社的なコンセンサスがない場合、会社内から不平不満の声は上がってきます。

経理などの経営に近いセクションからは、「入りたいと言っている入居者がいるのだから、はいどうぞと入居を許可すればいいだろう」となり、介護現場からは「今の介護職員の能力を鑑(かんが)みた場合、これ以上排泄介助と入浴介助の必要な入居者の受け入れは不可能。このようなニーズのない入居者を入れてほしい」ということになります。

入居者の実態を、素直に受け入れよう

入居者である高齢者の身体の状態は、間違いなく年々悪くなります。加齢による身体機能の低下です。よく識者が「高齢者とは失う経験の実践者」と言っている通り、日に日に、年々、今まで「できていたこと」ができなくなっていくのが高齢者の特徴です。したがって、たとえ自立で入居したとしても3年ぐらいたつと、認知症を発症したり、車椅子生活になったり、寝たきりになったりと、状態が悪化していくので、入居当時は適切だったフロアが、不適切になってしまいます。

さらに、入居時には自立していた入居者が、数年後には認知症になった場合などは、認知症フロアに移動するという行為に対し、多くの入居者や家族が「ＮＯ」と言って抵抗することにあります。さらに言うと、行政も移動には「ＮＯ」という見解だと推察することができます。

身体的に問題が生じ、フロア移動の必要性が生じた場合でも、本人や家族が「ＮＯ」と言えば、フロア、棟の移動はできないということが主流となり、結果、フロアごとに区分し入居者を管理していくという方法論は事実上崩壊しています。

それでは、なぜ、本人や家族はフロア移動を「ＮＯ」と言うのでしょうか。その理由は「都落ち」したように感じるからです。つまり、自立のフロアに入居した入居者が、加齢により認知症状が発生し、認知症フロアに移動しなければならなくなるということは、「劣等感」「恥である」という思想が家族の中にあるからです。

自立で入居した高齢者が、たとえ認知症になったとしても、自立フロアから移動はしたくないという気持ちが強く芽生えるため、「うちの母親は認知症ではない」と家族が言い張り、自立フロアでこだわって、自立フロアで生活を継続していくことになるのだと思います。

介護職員には、「入居者評価」が染みついている

それでは、介護職員はというと、実は介護職員には、日常の仕事を通して「入居者評価」が体に染みついているため、入居者の身体の変化に対し、きわめて敏感に反応するのが普通です。

職員同士の雑談に耳を澄ませていると「最近、Aさんは居室の掃除ができなくなってきた。そろそろ、自立フロアにいられなくなりそうだ」とか「Bさんは、最近、失禁をしているようなんだけど、それを周囲にバレないように汚れた下着を箪笥の奥に隠しているようなの。排泄介助が必要だけど、Bさん、プライドが高いから……」というような会話が聞こえてきます。「自立フロア入居者の資格を失っているので、他の専用フロアへ移動するべきではないだろうか」ということを暗に言っているのです。

ここで、読者の皆さんに勘違いしてほしくないことがあります。それは、身体状況に変化が生じた場合、そのままフロアや棟を移動せず、同じフロアで過ごすことと、身体状態に対する専用教育を受けたスタッフや装備が充実している専用フロアに移動

して過ごすこととのどちらが正しいか、ということではありません。どちらでもかまいませんが、決められたらぶれずに方針に沿って運営をしていくことが重要だということです。

ホームの運営ルールとして、「○○ができなくなったら専用フロアに移動する」というルールがあるのであれば、その移動は厳格に実施しなければならないし、最初に入居したフロアに最後まで住み続けること、つまり〝フロア移動はない〟をルールとしているホームであれば、それを忠実に実践すればよい、というだけの話なのです。それが、そのホームの運営に対する大方針になるからです。

しかしながら、多くの老人ホームでは、フロア分けをし、入居者を区別して管理しようとしているにもかかわらず、状態が悪くなっても入居者が「NO」と言えば、移動を見送るという、中途半端な運営をしているのが実態です。それでは、そもそも、何のためにフロア分けをしたのかということに対し、まったく辻褄（つじつま）、ストーリーが成り立っていません。

私が老人ホームで介護職員をしていた頃は、状態が著（いちじる）しく悪化し、目が離せなくなった入居者には、家族に説明した後、たとえ、5階フロア東南角居室であったとしても、看護師が常駐している2階フロアにある北向きの居室が空けば、そこに移動をしてもらうように頼んだものです。

多くの家族は、「すぐに看護師が対応できる居室に移動してもらえてありがたい」と喜んでいました。さらに、医者から「もう限界にきている。いつ亡くなるかは時間の問題である」、今ふうの言い方で言えば「看取り期の終末状態」と言われた入居者の場合は、介護職員が常駐している管理室の中にベットを持ち込み、そこで常に介護職員らに見守られながら過ごしていた入居者がいたことを思い出します。多くの介護職員は、管理室に入る時、出る時に、ベットをのぞき込みながら、入居者にひと声かけていきます。勤務が終わって帰る介護職員は「また明日ね」と言って帰っていきます。

これは、万一、入居者が息を引き取る時には「絶対に、一人きりでは逝かせない」という介護職員らの強い思いがあるからです。当然、今の基準やルールに照らした場合、そこには、入居者のプライバシーも糞もあったものではありません。しかし、少なくとも、関係者全員、このスタイルでの介護が正しい介護だと信じて疑ってはいませんでした。

一週間程度たったある日勤帯で、この入居者は多くの職員らに見送られて亡くなりました。同席していた家族は、ホームに対し、心の底から感謝していたことを思い出します。

持ち家があるのだから、最後まで自宅で暮らすのは当たり前？

持ち家があるのだから最後まで自宅で、という考え方はわからないわけではありません。なにより経済的です。しかし、いつまでも持ち家に居住することが本当に正しい選択なのでしょうか。

以前、こんな話がありました。老人ホームへの入居相談の中で、入居する資金は年金と持ち家の売却で計画で話を進めていたところ、持ち家が売れない、つまり資産価値がないという理由で頓挫したことがありました。かつては、一世を風靡（ふうび）したトレンディな住宅地だったのですが、今では住民の多くが高齢化し、若者が存在しない「限界集落」になってしまったので、住みたい人がいなくて売れなくなってしまったという話です。

持ち家とは、親から子供に受け継がれることを前提に作られているはずです。持ち家も次世代に受け継ぐことができれば、子供が生まれ、小学校や中学校に通うニーズが出現するので、永久に小学校は存在しますが、現実はそうなっていず、廃校になる小学校が目立ちます。多くの人は少子化、高齢化の影響だと片づけてしまいますが、この問題は、少子化ではなく持ち家を原因とする核家族化の影響だと私は考えています。

だから、持ち家を持っている高齢者は次のことを考えなければなりません。一つは、子供に持ち家を引き渡すこと。もう一つは、子供が持ち家は不要であれば、子供世代の若者に持ち家を引き渡すことです。引き渡した後は、自分のライフスタイルに便利な住宅に移り住めばよいのです。高齢者夫婦の場合は、郊外の一戸建ては不便です。都心の駅近のマンションのほうが生活はしやすいはずです。

逆に、一気に地方に移住することを考えても良いのではないでしょうか。生まれ育った故郷に移住するという方法もあります。さらに、どちらかが亡くなり、又は要介護状態になった場合は、サービス付き高齢者向け住宅という選択肢もあります。もちろん老人ホームという選択肢も可能です。いずれにしても、持ち家に住み続けることで、よい結果が出ないケースがあるということを理解しなければなりません。

介護認定を受けた人、その家族は、保険制度の意味を理解できているのか？

介護保険認定を受けた人やその家族は、介護保険制度の利用の仕方について、しっかりと説明を受けているのでしょうか。私が言う説明とは、通り一遍の説明ではありません。つまり、認定を受けたらケアマネジャーにケアプランを作ってもらって……などという説明のことを言っているのではありません。当然、この手の説明は、行政や地域包括支援センターなどが何度も何度も丁寧に冊子なども作成し、説明しているはずです。

私が言っているのは、利用者側の心得的な話や、現実的な運営の話です。つまり、利用者に対する教育の必要性のことです。私は、自身の書籍やセミナーでは言い続けていますが、介護保険制度を上手く機能させるためには、制度の中身と同じくらい、利用する関係者に制度理解を促す教育が重要だと思っています。

「制度」とは、作成者が一定の状態を想定して作成するものです。つまり、利用する側が、こんな利用の仕方をするのでは？　こんなケースが発生した場合は、このように対応すれば解決するのでは？　といった具合に一定の想定に基づき作成しているのが普通です。

つまり、制度を上手く機能させるためには、作成者の意図を利用者側に正しく理解してもらい、狙い通りに行動してもらう必要があるということになります。

相互扶助の精神に理解を

介護保険制度の維持には、相互扶助体制が重要です。相互扶助とは、言い換(か)えれば、相手に対する「思いやり」です。特に老人ホームのような集団で生活していく場での介護保険制度は、この相互扶助を理解した上で実践をしていかないと、運営がそもそもできません。

要介護度の低い自立に近い入居者が、「自分も同じ利用料金を支払っているのだから、Aさんのところに1日10回介護職員が訪問し生活支援をするなら、自分のところにも10回来ないと不公平だ」とか「10回とは言わないが5回は来るべきだ」などと言っていては、制度そのものの維持ができません。

老人ホームの場合は、このような自立系の入居者は、「私は、自分のことは自分でできるので構ってもらわなくても結構です。そのかわり、私が行使できる介護保険の権利は、隣室のAさんが重症のようなので、彼のために使ってください」と言うべきなのです。この考え方を入居者全員が理解し実践することができれば、多くの老人ホームで職員が集まらない、とか職員がすぐに辞めるとかいう話はなくなるはずです。

介護保険サービスには、+α(プラスアルファ)を求めてはいけない

本来、介護保険サービスには、余計な付加価値を求めるべきではありません。なぜなら、どの事業者も要介護度に応じた同一報酬で仕事をしているからです。

一般的なサービス業の場合、付加価値を追求していく場合は、当然、見返りの報酬

を高くするために行なうのが普通です。「当社は＋αの付加価値を提供しているので、他社は１００円でも当社は１５０円いただきますよ」。これが、サービス業の競争力ということになります。同じような考え方で、他社は１００円だけれども、当社は企業努力で80円でやらせていただきます、ということもあるでしょう。

しかし、今の介護保険サービスは、質が高いからといって、多くの報酬をもらえる制度にはなっていません。逆に、質が悪いからといって報酬が減らされはしません。一部、「加算報酬」という制度があり、資格者の配置があればプラス報酬とか、指定されたセクションとの連携を行ない、記録を作成すればプラス報酬とかなど、「加算報酬」が設けられていますが、いずれにしても、外形的なものばかりで本質的なものではありません。つまり、すばらしい介護をしている事業者に対し、加算報酬があるわけではないということです。さらに、素晴らしい介護とは一体何か、という定義もありません。

家族間で解決できないことは、老人ホームでも解決できない

老人ホームへの入居を考える多くの家族の中には、家族間の問題を老人ホーム側が解決してくれると過度の期待を持っている人がいます。しかし、これは勘違いです。老人ホームは万能ではありません。家族が抱えている問題の根本を、老人ホームという他人が解決してくれるわけがありません。

家族の中には、老人ホームに入居させたので、「もう安心。解放された。これ以上、何もやることがない」という考えの家族がいます。さらに、そのような家族に限って、入居者がホーム内で転倒し怪我(けが)でもしようものなら、損害賠償の要求をしてくるものです。普段は音信不通、しかし、何か起こると出現する家族。このような家族のことを私の友人である識者は、「カルフォルニアの親戚」と呼んでいます。血縁関係はあっても海の向こうに住んでいるため行き来がない、というわけです。

多くの老人ホームでは、入居者はもとより家族に対するサポート業務をサービスの一つとしていますが、それはあくまでも、サポートです。サポートとは、どこまでいっても当事者になることはなく、当事者の立場に理解を示してくれる人、ということにすぎません。わかりやすく言えば、自分の代わりに死んでくれる人になりえない、ということです。

家族の抱えている悩みは、たとえ、老人ホームに入居したとしても根本的な部分は解決できません。その問題については、引き続き家族間で解決を図(はか)る努力を継続しなければならないということです。老人ホームに入居したから、後は老人ホームが何とかしてくれるだろう、ということはありえないのです。

物理的な避難場所として老人ホームを活用することはできますが、子供に代わって父親の気持ちに寄り添うことはできません（老人ホームのキャッチフレーズやお題目の中で、「寄り添う」をキーワードにしているホームは多々あります。この場合は、「寄り添う努力はしたいです」ということだと理解するべきです）。

あくまでも、第三者として寄り添うだけなので、できることには限りがあります。家族だけではできない課題、たとえば、全介助の母親をレストランや旅行に連れていくことは老人ホームで解決することはできますが、その旅行や食事を本当に楽しく有意義なものにするには、家族が同席しなければならないと思います。

要は、老人ホームには限界があり、その限界は家族にしか埋めることはできないということを理解してほしいのです。

第2章

リアルに疑似体験——老人ホームの24時間

入居者や家族は、老人ホームの日常をぜひ理解してほしい。これから書くことが実態であり、これが真実です。

ここでは、介護付き有料老人ホームの一日を、時間軸で説明していきたいと思います。

提供されるサービスの手厚さと利用料金は、比例しています。料金によっては、ここで記載されていることをしてもらえないホーム、逆に、さらに手厚くしてもらえるホームがあるということに、留意してください。

朝食が8時から9時の理由

老人ホームでの朝食時間は、多くのホームで8時前後から9時前後までの1時間程度になります。ただし、地方のホームや一部の高級ホーム、サービス付き高齢者向け住宅のように外部事業者に食事を委託しているケースの中には、7時頃からスタートするところもありますが……。

多くのホームが、朝食時間をこの時間に設定している理由は、早番と言われる職員の出勤時間の早朝出勤限界時間を、午前7時に設定しているからに他なりません。職員の平均通勤時間を1時間と設定した場合、朝の7時であれば、ほとんどの職員が出勤することが可能になります。ホームの運営思想にもよりますが、多店舗展開をしている老人ホームの場合、職員には定期的なホーム間の人事異動があります。企業の場合、一定時間を通勤時間と定義していますので、中には始発電車で出勤しなければ、間に合わない職員も存在するのではないでしょうか。地方の老人ホームの場合は、職員は自家用車通勤になりますので、このあたりは柔軟な対応になっています。

いずれにしても、老人ホームの場合、24時間職員がシフトと呼ばれる勤務体制で勤務しているので、原則としてまんべんなく夜勤、早番、遅番、日勤などの勤務を、ローテーションに沿って担っています。したがって、原則、一部の勤務帯に手厚くすることはできません。24時間、365日の勤務体制を考えてシフトを考える必要があるのです。

食事は自分の居室ではなく、食堂（ダイニング）で、全員一緒に食べます。もちろん、体調不良時などは、居室で食事を摂れるような対策が講じられます。入居者や入居希望者に対する説明では、食事中の誤飲事故を防ぐために職員が見守り介護をする必要があるから、ということになっています。しかし、限られた職員数で全入居者の食事を事故なく対処するのには、大きな空間で、集団で、同じ時間に集中して食べる方法が一番効率よく仕事ができるのです。さらに、ホームによっては、食事に集中できないという理由で、食事中のテレビを禁止するなどのルールがあります。

自分の居場所の重要性

老人ホームの食堂では、あらかじめ座る場所が決められています。

これは、座る場所をめぐって入居者同士で争いになることを未然に防ぐためと、入居者全員が元気に歩ける人たちばかりではないという理由からです。

入居者の中には、常時、杖（つえ）を使用して歩く人たちがいます。さらには、車椅子を使用している入居者もいます。

杖を使用している入居者は、テーブルに着くと杖の置き場に苦労します。そこで、椅子の一部に筒（つつ）のようなものを備え付け、杖をその筒の中に入れて保管するという方法を老人ホームの介護職員が編み出しました。

車椅子の入居者には、原則、椅子は不要です。というよりも、椅子があるとかえって邪魔になります。介護プランに「食事の時だけは椅子に移る」とされる入居者に対しては、椅子が用意してあります。これらの理由により、食事の際は座る位置が決まっているということになります。

私たちの日常でも同じような現象が起きているのではないでしょうか。会社の飲み会などでは、部長の席はここ、そしてその隣りはA課長とか、新人社員はオーダーを頼みやすい出入り口のところなどと、何となく決まっているものです。老人ホームも、集団生活なので、いくつかの親しい、気の合う小集団に分かれ、グループごとに席順が自然と決まっていきます。

私が老人ホームの職員だった頃、自分の席に他人が座っていたという理由で、何度もいざこざがありました。たかが食堂の席、しかし、されど席なのです。食事も摂らずに怒って自室に帰ってしまう入居者がたくさんいたことを思い出します。

思い起こすと、幼少期に小学校の授業中、先生から順番にさされ「次は、いよいよ自分の番だ」と思っていると、飛ばされ、次の列に。なんてことを皆さんも経験があることと思います。その時の何とも言い難い微妙な気持ち。自分は先生から嫌われているのかもしれないなどと余計なことを考えたものです。食堂のいつもの自分の席が違ってしまうと、大げさではなく、自分の居場所がなくなった絶望感のようなものがあるのだと思います。

朝食後の、大切な業務。それは朝の申し送り

食事が終わると、10時のお茶の時間までの間、自由時間です。多くの入居者は、三々五々自室へ戻り、テレビを見たり、新聞を読んだりで過ごします。中には、職員を捕まえて雑談をする人や、ホーム長に朝の挨拶をするために事務所に来る人もいます。介護が必要な入居者には、この間、職員により口腔(こうくう)ケアや排泄(はいせつ)ケアなどの介護支援が入ります。

さらに、多くの老人ホームでは、朝の9時前後に「申し送り」が実施されます。夜勤のリーダーから日勤帯の職員に対し、夜勤時の様子や対応内容が申し送られます。

つまり、朝食が終わり、入居者が一息ついている時間を見計らって、職員間の業務連絡をする時間が設定されているのです。ちなみに、朝の申し送りは、ホーム長、生活相談員、看護師、事務担当などフルメンバーで朝礼のような形式で行なわれるケースが多いようです。

夜勤者から、入居者ひとり一人の夜勤時の様子や出来事を、日勤帯に申し送りま す。特に、昨日の日勤帯から指示があった対応については、特に細かく申し送られます。Aさんは、発熱をしているので夜勤帯は3時間おきに体温測定、37度以上の場合は、3点クーリングで対応を、38度以上になった場合は、解熱剤の頓服薬を服用させなさい、という具合です。朝の申し送り時に、Aさんに対し受けていた夜間の指示に対する結果を報告すると、看護師から改めて日勤帯での指示が入るわけです。さらに、生活相談員からは、本日ホームに来られる家族の人数、時間、目的などが報告され、注意事項などの確認があります。

最後にホーム長から、事務連絡や全社的な業務指示、たとえば、「健康診断がある」「賞与支給にあたり、個人面談が始まる」などが伝達され申し送りは終了します。ちなみに、この9時から9時30分ぐらいまでの申し送り時間は、申し送りに参加していない夜勤者と早番の職員とで全入居者の対応をしなければなりません。

10時からは、お茶の時間です

多くのホームでは、午前10時からは「お茶の時間」が始まります。ホームが何も手を打たないでいると、始終居室に閉じこもり、ベッドで寝ているだけの入居者が多い老人ホームの特殊事情から編み出された、苦肉の策です。

高齢者の場合、廃用性症候群と呼ばれる病気のようなものがあります。つまり、何もしないで居室に一人で閉じこもりベッドの上に長くいると、筋力が衰えることはもとより、気分も落ち込み、うつ状態になって何もしたくなくなり、最終的には寝たきりになってしまうというものです。老人ホームとしては、廃用性症候群は何としてでも防ぎたい。というよりも、自宅にいるのであればいざ知らず、老人ホームに入居をしていて廃用性症候群になったなどとは、みっともなくて世間に言えない、という気持ちがあります。

さらに、厄介なことは、活動的な入居者ばかりではない老人ホームの場合、ホーム側があの手、この手を使って、居室の外に入居者を連れ出したい、という意図もあります。それゆえに毎日「10時になったらホールでみんなでお茶を飲む」ということを、半ば義務化しているのです。もちろん、水分補給（水分管理）などの役割もありますが。

老人ホームの入居者を見ていると、言われなくても10時前にホールで待っている人、職員から促されて素直にホールに出てくる人、職員に促されてもホールに出てくることを拒む人の3パターンに分かれます。言われなくてもホールに出てくる場合、自分の行動パターンに規則性があります。ホーム側の都合で、インフルエンザが蔓延して10時のお茶の時間を中止する事態になった場合などは、何で10時のお茶の時間がないんだと大騒ぎになります。

職員に促されれば、何でもハイ、ハイと言って従ってくれる場合は、職員にとっては扱いやすい入居者ということになります。職員に促されても出てきてくれない入居者には、手を焼きます。自暴自棄になって、自分なんてどうなっても良いので放っておいてほしい、などと言われると、勝手にすればよいと匙を投げる職員や、何が何でもホールに出してお茶を飲ませてやるとファイトが出てくる職員に分かれます。いずれにしても、老人ホームでは、この10時のお茶の時間は、吉本新喜劇のような「お約束」があちらこちらで毎日繰り広げられながら、お昼ご飯の時間になだれ込んでいくのです。

お茶の時間があるのは、なぜでしょうか

もう一つ、お茶の時間を用意している理由があります。それは入居者の居室の清掃です。

入居者がホールに出ている時間に居室の整備、清掃をやり、健康を害するような原因がないかを確認します。ゴミ箱やトイレの使用状況は要注意。人によっては、タンスやクローゼットの中にさまざまなものを隠し持っている（収集している）入居者もいるので、職員が家族や本人の同意の下、定期的に確認します。清掃の重要性を説明して理解をしてくれる入居者に対しては、入居者が居室にいようといなかろうとかまいませんが、清掃の必要性を理解できない入居者の場合、鬼のいない間の何とかではありませんが、ホールに出ているうちに職員が一気に清掃をやってしまいます。

12時になると昼食が始まります

老人ホームの職員にとって、食事時間は戦争です。特に、昼食は、朝食と比べ、品数が多かったり、イベント食などレクリエーション的な要素が入ることがあるので、給仕自体に手間暇がかかります。

多くの老人ホームでは、食堂に全入居者が集まり、全員で食事を摂ることになっています。席に着いた入居者に対し、職員による配膳が順次始まります。ここで注意しなければならないことは、入居者ごとに食事内容が違うということです。

勘違いしないでください。メニューが違うということではありません。一部の高級ホームなどでは、メニューが選択制になっていて、AランチとBランチから選べるようになっているところもありますが、多くの老人ホームではメニューは選べません。

しかし、入居者ごとに食事内容が違うということは、①食事形態が違う②食材などが違う、からに他なりません。常食といって、ごく普通の食事形態もあれば、刻み食やソフト食といって、嚥下機能が衰えた入居者でも、比較的食べやすいように工夫をされた食事形態があるからです。さらに、塩分、糖分、油分などの摂取量が医師により制限されている入居者に対しては、制限値を超えないような味付けになっています。

また、アレルギーなどの禁止食材がある入居者には代替品が用意されています。「サバ禁」といって、青魚を食べることができない入居者には、サバの味噌煮や塩焼きなどがメニューの日には、代替品が提供されていました。

さらに、入居者が服薬している薬とリンクして、禁止になっている食材もあります。多かったと記憶しているのが、グレープフルーツです。狭心症や高血圧などの薬を飲んでいる人は、グレープフルーツは禁止になります。

最後にダメ押しですが、個人持ちの商品があります。個人持ちの商品とは、本人や家族の希望で、食事の時に提供しなければならない、個人の食材です。梅干しとかキムチといった、食事の時の付け合わせのようなものがそれにあたります。これらのものは、個人の持ち物ですが、管理を老人ホーム側で行なうケースが多いため、食事の時に配膳されます。

つまり、老人ホームでの食事は、入居者ひとり一人に対し、かなり細かくカスタマイズされたものになっているということを理解してほしいのです。

したがって、片っ端から食事を供給していけばよい、ということにはなりません。

配膳に時間がかかる理由とは？

新人職員の場合、顔と名前が一致するまでは、食事の配膳業務には異様に時間がかかります。逆に、ベテラン職員の場合、Aさんはいつも何時ごろに食堂に来るということも頭に入っているので、常に合理的に配膳業務を行なうことができます。

私も駆け出しの介護職員の頃は、食堂で先輩職員から「この食事は、窓側に座っている赤いセーターを着ているおばあちゃんに」とか「この食事は、3列目の右から5人目の頭にニット帽をかぶっているおじいちゃんに」とか「配膳したら『梅干しはこれからお持ちします』と一言言わないと大騒ぎになるから」などと指示を受けて、配膳をしたものです。慣れるまでの間は、必ず、食事を入居者の前に置くときに、「Aさん、食事をお持ちしました」と声掛けをしたものです。目の前の人がAさんであるということを本人に確認するためでした。

これは、あからさまに「Aさんですね」という声掛けよりも、一連の流れの中でAさんであるということを確認する行為のほうがスムーズに業務が進むからです。ちなみに、認知症などで自分の想いや考えを上手く表現できない人は別ですが、多くの入居者の場合、自分の食事はわかるものです。いつも食べている食事と違うと感知し、いつもの食事を要求してきます。これも私が駆け出しの介護職員だった頃の話ですが、私が配膳したBさんの食事にマーガリンがありませんでした。いつもはあるマーガリンです。Bさんは少し思案した後、「マーガリンがない」「マーガリンがない」と言って、いつまでも食事を摂ろうとしなかったことを思い出します。

さらに、老人ホームの食事の場合、全入居者に対し、毎回①食事量や水分摂取量の確認②食後の服薬の確認を職員が行ないます。そして、この個人情報は看護師に伝達され、必要があれば看護師から指示が新たに入ります。

少し汚い話になりますが、老人ホームの看護師の主な任務は健康管理です。病院と違い医師が常駐していないため、積極的な治療に関わるというよりも、平時の健康管理が重要な業務になります。そして、健康管理は入るものと出るものとの管理が中心になります。

つまり、食事や水分の管理と排泄物の管理を通して健康状態を把握していくということになるのです。老人ホームに行って耳を澄まして看護師の話を聞いていると、「Cさんは便が5日間出ていない」とか「Dさんのインは1000だけどアウトは500しかない」などとよく言っています。

これは、水分が1000cc入っているのに、出てくる尿が500ccしかないということです。ちなみに、多くのホームでは、便をKOT（コート又はK）、尿をHR（ハルン又はH）などと呼んでいます。

もう一つの食事の話

「胃瘻（いろう）」という言葉を聞いたことはあるでしょうか？　今でこそ、少なくなりましたが、私が現役の介護職員だった頃は、どこのホームにも数名の胃瘻の入居者がいました。

胃瘻とは、何らかの理由で口から食事を摂取することができなくなった人が、お腹に穴を開けて、胃に直接管を通して栄養を入れることを言います。薬ではなく栄養を入れるので、多くの老人ホームでは、「食事」と定義しているはずです。

私のホームでも、食事と定義していました。胃瘻の入居者に対し、朝昼晩と3回に分け、約1時間ほどの時間をかけて、栄養のある液体を流し込みます。点滴のようなイメージですが、点滴より、管が太くお腹に入っていきます。もちろん、胃に流している栄養は、口から摂取することも可能です。

私が介護職員だった当時は、なかなか口から食事を上手く取ることができず、誤嚥性肺炎などを繰り返している入居者は、主治医から「そろそろ胃瘻にしたらどうか」と言われ、多くの家族が素直に胃瘻造設のオペに同意していました。介護職員も、食事介助などの行為を通して、「Aさんは、だんだん食べられなくなってきた。このままだと、胃瘻になるのも時間の問題だ」などと話していたものです。

最近では、多くの医師や介護職員、家族の意識が変わり、胃瘻を延命と位置づけ、無意味な延命を望まない入居者やその家族が増えてきています。当時と違い、今では「胃瘻をしてまでして生きていたくない」などという会話が増えてきています。人の生き死にについて、ここ数年で死生観が大きく変わってきたということだと思います。

昼食が終わると排泄介護へ。または中断していた入浴が始まります

食事が終わると、三々五々、入居者は居室へ帰っていきます。要介護状態の入居者の場合、食事の後は口腔ケアを行ない、排泄介護へという流れになります。そして、食事で中断されていた午後の入浴が再開されます。

多くのホームでは、入居者の食事が一段落した時点で、昼の申し送りが始まります。昼の申し送りは、業務に従事している職員だけで実施するのが普通です。申し送りの内容ですが、午前中の入居者の様子や、午後から夕方までのイベントの確認を行なって終了します。

15時からは、さらにレクリエーションが

15時からは、多くのホームでレクリエーションが始まります。月間レクリエーションカレンダーなるものが作成され、毎日毎日、趣向を凝らしたレクリエーションが開催されます。

レクリエーションは、職員によるものと有償無償のボランティアなどによるものとに分かれます。高級ホームなどでは、有名な歌手や落語家などを招いて、○○オンステージとか、○○寄席などと称して大々的に行なうケースも目立ちます。

また、最近の傾向としては、レクリエーションの時間をリハビリの時間として活用することも多くなってきました。理学療法士や作業療法士などのリハビリ専門職による「体操」「施術」などを、集団、個人別に実施しています。

実は、このレクリエーションは、関係者全員にとって、とても頭が痛い話なのです。

職員の気持ちを代弁するなら、「レクリエーションの担当者になんか、なりたくない」「レクリエーションは苦手だ」ということになります。入居者の気持ちを代弁すると、「レクリエーションなんか面倒だ」「ちっとも面白くない」というのが、本音です。中には、好きとか嫌いとかということではなく、自立して生きていくためには必要な行動なので、どんなレクリエーションでも積極的に参加するという、模範のような入居者も存在します。

それではなぜ、職員はレクリエーションが苦手なのでしょうか。答えは一つ。まったく、盛り上がらないからです。自立の高齢者ばかりいる老人ホームであれば、まだましですが、多くの老人ホームでは、認知症高齢者が主役です。認知症の高齢者は、当然、自分の立場を認知することができない。そもそも、レクリエーションに参加しなければならないということを認知できません。当たり前のことですが……。

したがって、「歌を歌いましょう」「体操をしましょう」「絵をかいてみましょう」などと言って誘導をしたとしても、3分ぐらい経（た）つと「居室に帰りたい」「もう帰る」などと言って騒ぎ出します。これを業界用語では「不穏になる」と言います。

集団レクリエーションで数人が不穏になると、不穏は連鎖してしまいます。「帰りたい、帰りたい」と連呼している入居者に対し、「うるさい」「とっとと帰れ」と、他の入居者が怒鳴ります。そしてこのような状態に身を置きたくない入居者は、黙って居室に帰り始めます。その後の惨状は……皆さんの想像にお任せします。介護職員の多くは、この事態を上手く収めることができず、途方にくれるか、匙を投げてレクリエーションを中止してしまいます。

つまり、老人ホームでのレクリエーションは、介護職員にとっては、修業か罰ゲームになってしまいます。

入居者側に立った場合、認知症入居者はさておき、自立組の入居者はどう考えているのでしょうか？　実は自立組の入居者の多くは、「こんな馬鹿馬鹿しい幼稚園生のようなことはしていられない」と考えています。つまり、もっと、レベルの高い内容のレクリエーションを求めているのです。レクリエーションの専門家によると、いつまでも、体育、図画工作、音楽の3つをしているのではなく、国語、算数、理科、社会といったレクリエーションを考えて提供しなければならないと、指摘を受けます。

しかし、現実的には、老人ホームのレクリエーションは、いまだに体育、図画工作、音楽が主流なのです。

18時からは、夕食が始まります

多くのホームでは、18時前後から夕食の時間になります。

ちなみに、私が勤務していた老人ホームは夕食の時間は17時からでした。多くの入居者やその家族から、17時は少し早すぎるので18時からにならないかという要望をいただきましたが、どうしても18時にすることができなかったと記憶しています。食事や入浴といった一日の大きな業務は、職員の勤務状態と密接にリンクしているからです。

普通、日勤帯の職員の勤務時間は、9時から18時までのホームが多いと思います。私のいたホームでもそうでしたが、17時から食事をスタートさせ食事終了を18時にしないと、多くの職員が残業になってしまいます。それでは、勤務を1時間遅らせればいいではないかというと、10時出勤になると、今度は朝食後の排泄ケアを担当する職員が不在になってしまいます。

　老人ホームによっては、7時から出勤、8時から出勤、9時から出勤、などと多様な勤務形態を用意し、なるべく今まで通りの生活リズムを変えない努力をしているところもあります。しかし職員管理や、万一その職員が休んだ場合の対応などを考えると、あまり多種多様な勤務形態にするのは自分の首を絞めることになります。多くの「やること」がある老人ホームの場合、食事時間だけの最適を考えることは難しく、全体最適から逆算した部分最適を検討するということに、どうしてもなってしまいます。

　さらに、人手不足の昨今、勤務帯によっては仕事ができない職員も多く、職員が勤務しやすい勤務帯も同時に考えていかなければ、ホーム運営がままならない状況になってきているのも事実です。

入浴は原則週2回

　入浴は介護保険法で定められている回数になります。

一昔前は、大浴場で複数の入居者、複数の介護職員とで、ワイワイガヤガヤ入浴したものですが、最近は「個浴」と呼ばれる小さな家庭用のお風呂で、一人で入浴するホームが多いようです。

プライバシーの保持という観点では素晴らしいことだと思いますが、個浴は密室になり職員とマンツーマンになるため、職員による虐待やいじめの温床になるケースも多くなります。最近の老人ホームでの事件、事故を見ても、夜間帯や入浴中など、比較的他の職員の目が少ないところ、時間帯で起きています。

老人ホームの入浴は、昼間です

よくよく考えると、不思議なことなのですが、老人ホームの入浴は、普通、昼間に行なわれます。私もそうですが、多くの皆さんは、日常生活において休日以外で入浴を昼間にするというケースは稀（まれ）ではないでしょうか。もちろん、温泉旅行などに行った場合などは、昼間から入浴ということはあると思いますが……。

今まで夜に入浴していた場合、老人ホームに入居した瞬間に、昼間に入浴することになります。ちょっとしたリゾート気分、毎日が日曜日ということを実感させられます。さらに、前記のように、老人ホームの入浴は原則週2回です。3回までは無料、4回目以降からは有料で入浴を支援するといったホームもあります。

ここでよく議論されることは、「毎日入浴したい」「自宅にいる時は、毎日入浴していた」という入居者が少なからずいることです。私の働いていたホームでも、毎日夜に入浴していた入居者が数名いました。この入居者の方々は、完全自立の高齢者で、入浴後の清掃もご自身で行なっていたほどです。もちろん、特別な料金は1円たりとも取っていませんでした。職員は入浴前に浴室内を点検し、入浴終了時に入浴者は、必ず職員に対し入浴が終わったことを連絡することがルールになっていました。

後は寝るだけ、休むだけ

夕食が終わると後は寝るだけです。中には深夜まで本やテレビを見ている入居者もいることはいますが、ほとんどの入居者は20時頃には寝入ってしまいます。職員も21時頃を目安に、ルーティンの排泄介助を終わらせ、これからの時間は主に不測(ふそく)の事態に備えます。夜勤帯の勤務職員は、2名から3名で対応します。ホームにより、さらにはホームの建物環境によって規定は違いますが、おおむね入居者25人から30人に対し、1名の職員配置になります。

食事や休憩などを順番にとりながら、原則コール対応（入居者からのリクエストに応えること）をし、昼間の入居者の状況や看護師からの注意事項、介護記録などを確認し、入居者を要注意者、注意者などに分類し、夜勤者同士で対応の擦り合わせを行ないます。

ちなみに、急変と言って、今まで元気だった入居者が突然具合が悪くなったり、最悪の場合は亡くなったり、居室内で転倒して怪我をするのは、私の経験では2時以降5時頃までが一番多く発生したと思います。

ぜひ理解をしてほしい、救急対応の悲劇

1年間で、介護職員が緊急対応を経験する場面は、一人当たり3回から5回程度はあると思います。私も、本書を書くために遥か彼方の記憶を呼び起こしていました

が、20回以上は緊急対応を経験していると思います。

緊急対応が発生すると、すべてのことが台無しになります。つまり、予定していた介護業務をすべて放棄し、急変対応に専念することになります。夜勤帯の緊急対応時の介護職員の行動を記してみましょう。

急変が起きて意識がないなどの事態になった場合、介護職員は、ただちに入居者の主治医およびホーム長、ホームの看護職員に対し、電話で指示を仰ぎます。ホーム長は、すぐさまホーム、または搬送先の病院へ自宅から向かいます。私がホーム長だった時は、会社携帯は枕元に置いて寝ていました。それこそ入浴時などは、ジッパーバッグに携帯を入れて入浴をしていたものです。もちろん、夜の飲酒などもってのほかでした。

名ばかりの医療連携がまかり通る

今では、そんなことはないとは思いますが、私が介護職員だった頃は、医療連携をしている医療機関の医師に指示を仰ぐために電話をすると「何時だと思っているのか？　救急車を呼べばいいじゃないか！」ガチャンなんてことは当たり前でした。本当に腹立たしいことです。

もちろん、これは契約違反の行為ですが、医療機関に対して老人ホームは文句を言える立場ではなく、「嫌なら協力医療機関なんていつ辞めてもいいんだからな」と脅かされたものです。一番の被害者は、当然入居者になります。主治医からの助言がない場合、自分たちで救急車を呼び、病院に搬送することになりますが、ここでまた大変なことが起きます。救急隊は迅速に来てくれますが、その後の受け入れ先病院を探すのが一苦労なのです。

私の経験では、救急車に乗せてから、病院に向けて救急車が発進するまでに2時間かかったことがあります。救急隊と職員は、手分けをして病院に受け入れを要請します。多くの場合、入居者別に通院している病院リストが整備されていますから、まず通院している病院から電話をしていきます。

認知症状のある１００歳の入居者が居室内で転倒し、意識はありましたが、大腿骨（だいたいこつ）を骨折している可能性が高い時の話です。救急隊と病院とのやり取りを救急車の中で聞いていると、100歳の老人と言った瞬間に断わられる病院が続出。受け入れてくれそうな病院がやっと見つかったと思ったら、認知症がある高齢者は受け入れないと電話を切られたり、散々です。

信じられないことに、普段、定期的に通院している病院ですら、受け入れ拒否なのです。結局、2時間後に3次救急を担(にな)っている遠隔地の大学病院が受け入れてくれ、やっと救急車は病院に向けて出発しました。十数年以上前の話にはなりますが、これが日常茶飯事でした。

当時の私たちの正直な気持ちは、緊急時に病院に対し受け入れを強要できる主治医は、本当に頼もしく、心強かったと記憶しています。

主治医のA先生とB総合病院のC理事長は大学の先輩後輩の間柄。A先生がB総合病院に直接電話を入れれば、どのような入居者であっても即受け入れをしてくれるとか、主治医のZ医師はY病院の医師でもあるため、Y病院には無理がきくから頼もしい、などという話が聞こえてきます。頼もしいと感じたと同時に、私は違和感も覚えていました。

救急対応時の裏事情とは？

主治医の一人であるＴ医師は、何らかの理由でＲ病院に顔がきき、どのような状態の入居者でも、連絡すると二つ返事で快く「救急車を呼んで連れていきなさい。話は私が通しておくから心配しないで」と言ってくれます。

もちろん、病院は必ず受け入れてくれますが、受け入れ後、事務方から必ず、「お居室が空いていないので、特別室に入院していただきました。特別室の料金は１泊〇〇円になります」と言われます。

最初は本当に居室が空いていないのだろうと考えていましたが、何度も同じ経験をしていくと、実は居室は空いているように思えてなりません。

中には、経済的な理由で、転院を希望するご家族も出てくるありさまです。考えたくはありませんが、受け入れ先がないという人の足元を見て特別室に入院させ、特別料金を負担させるということなのでは？　という勘繰りも湧いてきます。

当時、緊急対応を経験するたびに、私はこの現状を突きつけられ、高齢者は病気やケガで重篤になったら、下手な抵抗をしないで「死ね」ということなのだろうと、考えていました。長年尽くしてきた高齢者に対し、用がなくなったら「ハイ終わり。ご苦労さま」ということが国の考え方なのだろう、と。がしかし、テレビなどのニュースで、高齢者に限らず、すべての病人に対し、おおむね同じことが起きていると知らされ、さらに唖然としたものでした。

しかし、冷静に考えてみれば、この現象は仕方がないことなのかもわかりません。夜間帯は、多くの病院では当直の医師しか置きません。当直の医師は、おそらく法律が定める配置基準で配置しているはずなので、どのような医師でもよいはずです。

私の周りにいる医師の中には、専門の病院で専門の症例経験をひたすら勉強したいがために、その病院では安い賃金で働き、生活の糧（かて）はアルバイトで病院の当直をやっているという人がいます。多くの病院では、夜間帯の当直医は、必ずしもその道の専門医ということではないのです。

つまり、頭を打った患者を、当直の皮膚科の医師が対応するのは、難しいということだと思います。さらに、高齢者特有の認知症などの場合、経験のない医師では診察ができないということになります。

夜勤帯ではありませんが、私が介護職員として、認知症高齢者をある病院に受診同行した時の話です。待合室で待つ私の耳に「何言っているかわからないんだよ！　こんな話のわからない患者なんか連れてくるなよ！　帰ってもらえ！」という怒鳴り声が聞こえてきました。

もちろん、この声の主は医師です。看護師がすまなそうに私のところに来て頭を下げていましたが、当時の私は介護職員として未熟者だったので、「医療のプロである医師のくせに、認知症の高齢者の診察一つできないのか！　藪医者」とかみつき、怒鳴り返したことがあります。しかし、よくよく考えてみれば、重度な認知症の患者を、専門医でない医師が診察するという行為は難しいのが現実なのだと思います。もちろん、言葉使いは考えなくてはなりませんが。

さらに、救急対応時に忘れてはならないことは、その後のホーム内での業務についてです。多くのホームでは、救急車に夜勤職員が同乗し病院まで付き添うため、残された職員がその他の入居者の夜勤帯業務をしなければなりません。つまり、職員1欠状態で通常業務をしなければならないのです。当たり前の話ですが、救急対応のことなど、他の入居者にとっては、知ったことではありません。容赦なくナースコールを押し、いつものルーティン業務をいつものように求めてきます。ごくごく少数の自立している入居者には、事実を説明すると「今日は自分でやるから、私はいいわ」と協力してくれる方もいますが、多くの認知症高齢者には、それが通用しません。正直、自分のことしか考えていない悪魔のような人たちに見えることもあるのです。

そうこうしているうちに、病院に同行した介護職員、またはホーム長がホームに戻ってきます。介護現場出身のホーム長の場合、そのまま介護業務に加勢してくれるので、職員は大いに助かります。逆に、そうでないホーム長の場合は、病院に残り介護職員をホームに返すのが普通です。さらに、早番や日勤帯の担当介護職員が連絡を受けて、早出をしてくれます。特に早番や近隣に住む介護職員が早朝に来てくれた時など、地獄に仏とは、まさにこのことだと痛感したものです。

繰り返しになりますが、たとえ、入居者が深夜や明け方にホーム内で死のうと、倒れようと、多くのホーム入居者にとっては、それはいっさい関知しないことなのです。毎朝、7時に起き、介護職員に顔を洗ってもらい、着替えを手伝ってもらい準備万端、8時には朝食をいつものように食べなければならない人たちです。今日は、急変があって大変だったので朝食は8時30分からお願いします、などと言おうものなら大騒ぎになってしまいます。これが高齢者のもう一つの「顔」ということになります。

夜勤帯のもう一つの顔

老人ホームの夜勤帯の、もう一つの顔。それは認知症入居者による徘徊(はいかい)です。

多くの場合、徘徊は、決まった時間に決まった入居者、決まったコースで始まります。職員同士で時計を見ながら、「そろそろ○○さんが動き出す頃だ」とか「今日は、○○さんの徘徊開始が遅いね。いつもは、徘徊が始まる頃なんだけど」という感じです。つまり、徘徊も老人ホームの日常の一コマなのです。

徘徊で、職員が一番困ることは、他の入居者に迷惑が及ぶことです。徘徊の途中に他の入居者の居室に侵入してしまうとか、徘徊を始める前に大声で騒ぐとかです。なぜなら、深夜、静まり返っているホーム内では、居室のドアの開け閉めの音も異様に大きく聞こえるからです。「隣りの入居者が夜間に居室を出たり入ったりして、ドアの開け閉めがうるさくて眠れない」とか「ドアの鍵を掛けておかないと、徘徊者が勝手に入ってきて怖い」とか「ドアに鍵を掛けて寝ているが、徘徊者が鍵の掛かっているドアを開けようとしてガチャガチャとうるさい」などなど、徘徊に対する苦情は後を絶ちません。さらに、徘徊者が歩いている途中に転倒するとか、テーブルの上に置いてある植木を食べてしまったとか、とにかく、目を離せません。

そして、その苦情の矛先は、当事者ではなくホームに向けられるのが普通です。ホームの入居者に対する管理体制が甘いとか、仕事の仕方が悪いとか、とにかく苦情はホームに来るのです。ホームとしても、徘徊者の家族に対し、苦情の実態は伝えるのですが、それを聞いたところで家族としては、どうすることもできません。むしろ家族としては、このような徘徊があったから、自宅ではなく老人ホームでの生活を選択したのだから、ホームで何とかしてください、と言ってきます。まさに、四面楚歌です。

私が老人ホームで働き始めた頃は、このような徘徊入居者に対しホーム側から、これ以上徘徊が激しくなれば「ホームから出ていってもらう」と突きつけられ、途方にくれる家族も多かったと記憶しています。さすがに今は、このようなつれないことを言うホームは少数派だとは思いますが、それでも他人に迷惑をかける問題行動のある入居者に対しては、医療処置も含めさまざまな手を打つ必要が生じます。

また、少数派ではありますが、このような徘徊入居者に対し、異常なまでの執念をもって対応に当たるホームも存在します。徘徊する入居者には、それ相応の理由があるはず。その理由を解明することで徘徊は必ず改善すると考え、介護職員らがプロジェクトチームを作って対応に当たります。○○さんは5日間便が出ていません。便秘が徘徊の原因の一つでは？　とか、夜間、徘徊をしないようにするためには昼間の過ごし方が重要なので昼間、活発に活動してもらおうとか、手を換え品を換えて徘徊原因を探ります。仮説を立てて検証していくという、手間のかかる行為を繰り返していく。このような老人ホームも存在しているのです。

早朝は、排泄、着替えなどのモーニングケアから

朝の5時ごろから、モーニングケアが始まります。

モーニングケアとは、自分で朝の支度ができない入居者への支援です。着替えや歯磨き、排泄介助などを行ない、一日の始まりをシャキッとして始めよう。そんなイメージです。スタート時間はホームによってまちまちですが、多くのホームでは、朝食時間から逆算してモーニングケアが開始されます。

つまり、朝8時から朝食が始まるホームの場合、8時までには全入居者のモーニングケアが終了していなければなりません。夜勤者が2名で、7時より早番が3名出勤という勤務シフトのホームの場合、モーニングケアが必要な入居者が10人いた場合、何時からスタートすると8時に間(ま)に合うのか、という視点でスタートが決まります。

けっして、悪気があってやっているわけではない。職員には職員の都合がある

私がホームに訪問し、職員にヒヤリングをすると、モーニングケアを朝の4時ごろからスタートしているホームがあります。朝の4時から？　早すぎないの？　と、普

通は思います。中には、モーニングケアが完了し、朝の5時ごろから食堂のテーブルに車椅子で座らされている入居者もいます。多くの入居者は車椅子に座り、うとうとしています。「なんてひどい」と思う読者もいるのではないでしょうか。しかし現実に、このようなホームも少なからず存在します。

理由はいったい何でしょうか？　答えは簡単です。朝食開始時間から逆算してすべての入居者の準備が終わる時間を積算した場合、この時間からスタートしないと間に合わないからに他なりません。間に合わない理由は、モーニングケアを必要とする入居者が多い場合と、勤務している職員が少ない場合のどちらかか、または両方です。

私の経験でも、夜勤者は、深夜0時以降は、朝食時間に合わせて自分たちの行動を組み立てていきます。シフト表を確認しながら、朝、助けに来てくれる早番のメンバーを確認し、その職員ひとり一人のスキルに合わせて、○○さんと○○さんのモーニングケアはA職員に依頼、○○さんと○○さんのモーニングケアはB職員に依頼、朝食会場のセッティングはC職員に依頼などと考えて業務をイメージしていきます。万一、早番職員から体調不良で急きょ欠勤するという連絡などが入ろうものなら、組み立てた業務フォーメーションをやり直し、業務の再検討を行ない、業務をスキップしていかなければなりません。つまり、何が何でも朝8時には朝食を食べ始め、9時前には朝食が完了していなければならないのです。

そこまで拘る理由は何でしょうか。それは、前にも述べた通り、老人ホームの場合、朝8時に朝食を食べることができないと気が済まない入居者がたくさんいるからです。たとえ、隣りの入居者が死のうと苦しくのたうち回ろうと、そんなことはお構いなしで、朝8時になったら、朝食はスタートしなければなりません。でなければ、何で食べられないのかと大騒ぎになります。

さらに、老人ホームの場合、シフト制で職員が働いているため、各シフトに対する役割分担が明確になっています。逆に言うと、各シフトは明確になっている役割分担を全うしなければならず、その役割分担は、担当シフトがどのようなことがあってもやり遂げなければなりません。正確に言うと、それは会社が決めているのではなく、職員間での暗黙の了解になっているということです。

「今日の夜勤者は誰なの？　おしぼりを洗っていないじゃない」とか「今日の早番は

誰？　記録（介護記録）が終わっていませんよ。記録（介護記録）を完了させてから帰ってくださいね」というように、他のシフトの職員から、暗に自分の役割は完了させろという意思表示を受けるのです。だから、朝8時に朝食がスタートせず、その後も工程が遅れようものなら、その原因を追及され、ひどい場合は多くの職員から責められるケースもあります。よって、モーニングケアが4時ごろから始まるという事態が起こるのです。

我慢しなければならないこともあります

もうおわかりのように、老人ホームという場所は、総じて安全かつ安心な場所だと思います。24時間にわたり、職員が見守り、必要があれば手はいつでも差し伸べられます。また、入居者同士での見守りや支援も存在します。この点から言うと、自宅（独居や老々世帯）にいるより、はるかに安心安全です。

しかし、その一方、ホーム運営は全体最適を最優先して行なわれるケースが多いため、自分の都合や嗜好(しこう)は無視される場合も少なくありません。つまり、我慢することも多いということです。

老人ホームの良し悪しは、実は大部分がここにあります。自分にとって我慢することが多いホームは悪いホームであり、我慢することが少ないホームは良いホームということになります。我慢の原因は、当然、人それぞれ。Aさんには何ともないことが、Bさんには我慢ができないこともあると思います。

我慢ができるということは、自分の能力で我慢を解決できるかどうかにもかかっています。たとえば、「食事が不味い（自分の好みに合わない）」という場合、食事を改善してほしいと訴えても、簡単に改善はしてくれません。なぜなら、全体が最適になるよう味やメニューを決めている関係で、少数意見などは無視されてしまうからです。したがって、老人ホームでストレスなく生きていくためには、「食事が不味いのは仕方がない。それならば、自分の能力で不味い食事を克服しよう」という気持ちが大事です。「岩ノリの佃煮」や「キムチ」「紀州の梅干し」など、自分で食事が楽しくなるような食品を用意するなどの対策を自然にできる人は、ストレスはかかりません。

また、安心安全であるがゆえに、気持ちが緩み、だらしなくなることもあります。自分がしっかりしなくては生きていけないという緊張感がなくなり、人任せで生きていける環境でもあるので、人によっては、ホームに入ると認知症状が出現すると毛嫌いする人もいます。

少し乱暴な言い方になりますが、私は老人ホームとはある意味「動物園」と同じではないかと思っています。動物は動物園の中では、生活に対する安全と安心が保証されています。天敵の心配もなく、食事の心配もなく、病気になれば飼育員がケアをしてくれます。それと同じく、老人ホームにさえ入ってしまえば、高齢者が日々の食事や入浴の心配をすることはなくなります。

しかし、それと同時に、今日の食事は何にしようか、とか、どうやって作ろうかとか、買い物をどうしようか、などと考える必要もなくなります。さらに、入居者同士のトラブルが発生した場合などは、職員が間を取り持って上手にやってくれるため、自分で考えて、自分で解決するということをしなくてもすみます。つまり、何も考えずに老人ホームの中で生活をしていると、「喜怒哀楽」から遠ざかる環境で生活をしていくということにもなるのです。このような現実化の中で、人によっては、認知症状が出現すると考える高齢者や家族もいるのだと思います。

私は、自身のセミナーなどで、よく「老人ホームに向いている人」「向いていない人」というテーマで話をする機会があります。老人ホームでの生活に、一見向いているように見える人とは、考え方が頑固ではなく、しなやかに自分の考えや生活を変えることができる人ですが、本当に向いている人とは、自分の考え方、価値観を確立できている人なのだと思います。そして、その確立できている価値観を失うことなく、多様性も受け入れることができる懐（ふところ）の深さがある人、ということになります。

第3章

老人ホームで働く介護職員って、どんな人？

本当に、介護職員はいないのか

「介護人材が集まらない」「介護職員がすぐに辞めてしまう」……、こと人材にまつわるネガティブな話は、介護業界には溢れています。そのくせ、行政を含めた業界団体は、効果的な手を打とうとはしません。すべてを企業に押しつけ、企業努力だけで解決させようとしています。有識者と言われている多くの人たちから発せられる発言の多くは、「賃金が安いから良い人材が集まらない」ということですが、私はこの考えには、まったく同意することができません。私は、介護業界の人にまつわるネガティブな話――つまり、人材が集まらない、集まった人材がすぐ辞めてしまう、ということを解決するための最優先課題として、そろそろ「利用者や入居者の教育」が必要なのでは？　と考えています。

２０００年に介護保険制度が始まり、それまでの「措置」から「サービス」へ高齢者福祉は進化しました。しかし、利用者や入居者、介護職員などのすべての関係者にとって、この進化は有益な進化だったのでしょうか。

私は大いに疑問を持っています。勘違いしないでください。私は、介護保険制度自体はひじょうに良い制度だと思っています。１割、２割の自己負担で一定の介護保険サービスを受けることができるわけですから、要介護状態になった場合は心強いと思います。問題はその運用方法について、誰も現実に即した言及をしていないことではないでしょうか？

　措置からサービスになり、利用者や入居者を「お客様」「利用者様」と「様」付けで呼ばなければならなくなりました。さらに、サービス契約に基づきサービスを提供しなければならないということが独り歩きし、措置時代の「施し」や「好意」という情緒的なものから、契約に基づく約束に変わり、その約束を果たすために介護職員に対し、不平等な労務契約を強いられているのだと思っています。なお、私の言う不平等な労務契約とは、会社と介護職員ではなく、お客と介護職員との間にある、見えない労務契約のことを言うのです。

　以前、訪問介護で問題になったことがありました。訪問介護員に利用者の居室だけではなく、自分たちや子供たちの居室まで掃除させている事実や、利用者の食事だけではなく自分たちの食事の支度や買い物までを頼む事実が発覚したことがあります。

現在は、掃除や食事などの生活支援と呼ばれるサービスは、極力介護保険制度から外(はず)れていく方法で調整が続いています。

介護職員の真実から目を離してはいけない

介護業界でよく言われるのは、介護職員の質が低下しているという話です。以前は老人ホームでは、50点の介護職員を80点にする研修が流行(はや)っていたのですが、今では、20点の介護職員を40点にする研修になっているなどと言われています。私自身の経験を振り返って考えても、そう言われればそんな気もしますし、そうでない気もします。つまり、職員の劣化について、以前と比べて本当に進んでいるのか、実はよくわからないというのが実情です。

ただし、冷静に考えた場合、介護保険制度が始まったばかりの頃と比べると、老人ホームは比べ物にならないほど増え、入居者もとても多くなりました。

介護職員の人数も比べ物にならないほど増えています。量が増えれば、当然、中身は多様化し、さまざまな人たちが入ってきたために、質の悪い人たちも目立ってくるのではないでしょうか。だから、介護職員が劣化してきたとか、クレーマーのような入居者が多くなってきたのでは、と思います。つまり、質の悪い職員や入居者の比率は変わらないものの、分母が増えているので絶対数も増えているということになるのです。

彼らの多くは、目指して職員になったわけではない

最近は、新卒採用に力を入れている老人ホームも多いのですが、それでも、多くの老人ホームの介護職員は中途採用者ということになります。つまり、異業種からの転職組が目立ちます。彼らは、当初から、介護職員になりたくてなった人たちではなく、諸事情の中で、途中から介護職員になった人たち、ということだと思います。

さまざまな職場を転々とし、行き着いた場所が介護職員だったり、中高年になって、勤務先の事情が変わり行き着いた先が介護職員だったりしているのが、現実ではないでしょうか。

何を隠そう、私自身も立派な転職組です。私は、大学卒業後、大手不動産会社に就職しました。約10年間、不動産の営業実務を担当しましたが、仕事を通して、私が感じたこととは何か。それは、これからの不動産業界で生き残るには、金融スキル（不動産の証券化の促進、インカムゲインやキャピタルゲインを理解する能力とセンス）が重要だということでした。つまり、これからは、金勘定や金融知識に長けていないと、不動産取引で優位に立つことはできない、と。

はたして、今の自分に、このスキルはあるのだろうか？　また、このスキルを身に付けるだけの下地を有しているのだろうか……。

私は、周囲の同僚や先輩を見渡し、さらに競合他社の知人のレベルを確認もし、明らかに自分は劣っている、今のままでは、将来の展望は開けない、と判断したので転職を決意しました。

老人ホームの管理者の中には、親会社の会社員として社会人生活をスタートさせ、ある日突然、子会社の老人ホーム勤務を命じられ、施設長をやっている人も多く存在します。私の知り合いにも、このような施設長がいます。本当は、こんなはずではなかったのに……。介護なんて興味もなかったのに……と思って仕事をしている施設長がいるのも、事実です。

　批判を恐れずに言えば、私自身も含め、介護業界で働いている人たちは、皆、「負け組」だと思います。元は医療業界、金融業界、製造業界、サービス業界、不動産建設業界などなど。このような業界から、リストラされたり、自らドロップアウトせざるをえない人たちが、仕事を求め、介護業界に流れ着き、結果、たくさんの人たちが働いています。

女性職員と男性職員

　私が、関与しているある介護現場では、老若問わず15人の女性職員がいますが、全員離婚し、一人で子供を育てています。私だけの感想かもしれませんが、彼女たちとのかかわりを通して私が感じることは、自己主張ではなく自分勝手。そして我慢ができないというよりも、我慢のしかたがわからない、我慢をした経験がないというように見えます。どのような現象にも、俯瞰（ふかん）的に物事を見ることができず、直情的で思い込みが激しく、真実や本質に目を向けることもなく、そのくせ疑り深く、人見知り。しかし、相手に気を許したとたんに、すべてを任せてしまうような人の好さもあり、結果、相手に騙されたり、利用されたりしているように映ります。それはあなたの偏見なのでは？　と思われる読者の方もいるとは思いますが、介護現場にいる介護職員を見渡すと、どうしてもこのような現象を目にする機会が多いのです。

逆に、少数派である男性職員の多くは、大人しく、しかし優柔不断。相手の意見をよく聞くことは、けっして悪いことではありませんが、聞くだけで、決断することができない人が目立ちます。また、総じて短絡的な人が多いため、単純に、「好き」「嫌い」とか、考え方が「同じ」「違う」など、感情だけでモノを判断する傾向が強いように思われます。

男女問わず、公私混同が得意で、嫌いな人とは一緒に仕事をしたくない、と言って、嫌いな人を排除する傾向も強いようです。

医療と違い、介護とは、そもそも仕事ではなく、家庭の主婦が家庭にいる年寄りに対し、してきたことをルーツにしています。医療と比較すると、介護が難しいのは、結論がはっきりしないことだと思います。医療の場合は、「治る」とか「痛みが止む」とか「死ぬ」などというわかりやすい結論が必ずあります。しかし介護には、わかりやすい結論が存在しません。「感謝」されるとか「お礼を言われる」というのは、発信者の口から出てくる言葉なので、必ずしも真実とは限りません。今まで歩けなかった人が歩けるようになったとか、一言も言葉を発しなかった人が話をするようになった、というケースも多くありますが、これもまた、機能自体が回復したのではなく、機能にはもともと問題はなかった人の、心の問題、精神的な問題が介護職員らの言葉と行動で何らかの化学反応が起こり、解決というよりも雪解けしたのかもしれません。したがって、雪解けの本当の真実は、その人にしかわからないのです。

つまり、このような人たちで、老人ホームの介護職は成り立っているのだということを理解しなければならないのです。

介護職員の離職を止める方法

そうだとすると、あまり難しいことを彼らに要求すること自体に無理があります。

つまり、今後、高齢者が一定数存在し、それをリカバリーするには介護職員が必要だ、というのであれば、まずやらなければならないことは、介護職員に対し、高いハードルを設けないことです。もちろん、高い給料も必要ありません。利用者や入居者に対して、介護とは介護保険制度という国が運営している仕組みあってのことなので、最低限のことしか期待しないでほしいという教育をしなければなりません。

私がホーム長だった頃、遅刻早退無断欠勤のオンパレードの女性職員がいました。理由を聞くと、子供をダシに使います。シングルマザーで子供と2人暮らしでしたが、子供が熱を出したから遅刻、子供が熱を出したから早退という具合でした。最初のうちは、多くの職員が「若いのに子育てしながら仕事をするのって大変よね。遠慮しないで言ってね。あなたのフォローはするからね」という感じでしたが、あまりにも遅刻早退無断欠勤が頻繁なので、次第に、「子供も幼稚園でしょ。そうそう熱ばかり出すわけないのに。何かおかしいわね」という風潮に変わり、しまいには、「昨日彼女、若い男と○○にいたわよ。昨日無断欠勤しているんでしょ」ということになり、職員から総スカンを食らってしまいました。

ホーム長として、これらのことが事実であれば、容認することはできません。私は、彼女と面談を行ない、遅刻の真実について確認しました。子供が発熱したことの多くは事実のようでしたが、男性と会うための遅刻や早退の事実はあったようです。さらに、他の職員の信頼関係を回復することができなければ引き続きの勤務は難しいことを本人に伝えたところ、信頼回復に努めたいという希望があったので、いちおうの継続勤務としました。

さらに、男女の問題で子供が犠牲になるケースは多いため、一時の感情的な気持ちに流されずに、慎重に行動するべきだという話をしたのを覚えています。そして、しばらくの間、ことあるごとに「遅刻しないで会社に来れたね」「休むときは連絡ができて偉いね」という、普通の会社ではあり得ないきわめて馬鹿馬鹿しい声掛けを継続することによって、次第に遅刻や早退がなくなり、気がつくと戦力になる介護職員になることができました。

私が言いたいことは、介護保険制度を利用するすべての人に対する、教育の重要性です。特に、利用者に対し、介護保険制度について再教育をすることの重要性を強く訴えたいと思います。介護保険制度は、たしかに良い制度だと思います。1割から2

割程度の自己負担で、人から具体的な支援を受けることができる制度です。加齢などを理由に自分のことが自分でできなくなった高齢者が、社会の中で自立して生きていくには、必要なサービスだと思います。

しかし、その運用方法を間違えると、そもそも支援をする人が世の中からいなくなることに留意しなければなりません。人手不足と言われている昨今、介護業界で働く職員の高齢化も進んでいます。聞くところによると、ある有名大学では学生が介護業界を目指したいなどと言おうものなら、「もう一度よく考えなさい」と言って、再考を促すところもあるそうです。つまり、現実的に考えた場合、介護業界を支えている職員は、介護や福祉に対し強い思いがある一部の職員と、他の仕事に従事し方向転換を迫られた職員の2通りです。多くは後者の職員によって成り立っていると言えます。

このことを理解した上で、職員教育を行なっていくというプロセスを踏まなければならないと思っています。しかし、今の介護業界は、このプロセスを踏まずに、「介護って、こんなにいい仕事」「介護って、社会に必要とされているやりがいのある仕事」などと嘘を言っています。さらには、「すべては入居者様のために」とか「入居者様のたくさんの笑顔が見たくて」などの情緒的な言葉が飛び交います。

しかし、冷静に介護業界と介護職員の事実を受け入れなくてはならないと思います。前著の『誰も書かなかった老人ホーム』でも取り上げましたが、介護職員がどのような人たちなのかを受け入れることから始めなければなりません。

仕事は窮屈になっている

私が現役の介護職員だった頃と今の介護職員を比べた場合、いったい何が違うというのでしょうか。繰り返しになりますが、ベテラン介護職員や業界関係者の中には、「昔はよかった」「自分が現役だった頃は今よりまともだった」などと言う人が多くいます。しかし、私は本当にそうなのだろうかと、疑問に思っています。ただし、一つだけ言えることは、私が現役だった頃と比べると、今の老人ホームの仕事は、相対的に窮屈になっているということです。コンプライアンスの問題一つとっても、昔とは比べようがないくらい細かく規定されています。おまけに、ハラスメントの類も異常に強化され、仕事上、やりにくいことも多くなっています。

たとえば、お正月を迎えると、多くのホームでは正月飾りを出して正月気分を醸し出します。しかし、今の老人ホームのお正月には、お酒とお餅はありません。私が現役だった頃も、ホームの基本方針としては、お酒は自室で、お餅は原則禁止でした。これが建前です。しかし以前は、多くのホームで、施設長やホーム長の判断で「会社はそう言っているけど、正月ぐらいお餅を食べないと気分出ないよね」などと適当な言い訳をつけて、管理者が振舞ったものです。私も管理者だった頃、お正月は金紛入りの日本酒を、お酒の好きな入居者全員の食事のテーブルに黙って置いたものでした。正直、費用は大した金額ではありません。ほんの数千円です。しかし、その効果は絶大。複数の元呑兵衛入居者が、かわるがわる事務所に来ては嬉しそうにお礼を言って帰ります。中には、「施設長はわかっているな」などと過大な評価をしてくれる入居者もいました。

お餅もそうです。特に私が勤務していた老人ホームは、当時業界の草分けだった関係で、運営には特に厳しく、入居者にお餅を食べさせるなんて言語道断という会社でした。もし、お餅をのどに詰まらせて入居者が窒息したらどうするの？　という問題提起をし、結論は「食べない」ということに落ち着きます。食べなければ事故は起きないからです。

同じ系列ホームで起きた、嘘のような本当の話です。正月なので恒例の餅つき大会をします。ボランティア団体に手伝ってもらい、入居者も家族も職員も法被（はっぴ）を着て、交代交代で餅をつきます。しかし、ついた餅を入居者が食べることはありません。代わりに、お餅のように切ったお麩（ふ）を食べていました。このホームの管理者はまじめな人で、会社からの通達を厳格に順守し、なおかつ、入居者に対し少しでも正月らしさを味わってもらおうという苦肉の策として、このようなことを考えついたと言います。私はというと、不真面目な管理者だったので、それはそれ、会社は会社、ということで、入居者に対し「正月ぐらいお餅が食べたいよね」と聞いてまわり「食べたい」という声があれば、お餅を焼き始めます。きな粉や大根おろしで食べたいという入居者がいれば、用意します。入居者が美味しそうに食べている傍（かたわ）らで、看護師が掃除機を持って待機します。ホームに備えている吸引機よりも掃除機のほうが威力が強いなどと、冗談なのか本気なのかわかりませんが、楽しそうに食べている入居者を見守っています。

けっして、自分の武勇伝を言いたいわけではありません。私が言いたいのは、当時は、そのような行動をとらせるゆとりが、会社にも、入居者にも、家族にも職員にもあった、ということです。当然、餅を食べたことは数日後に会社にバレます。レク係の職員が、ホーム内の掲示板に楽しそうに入居者が餅を食べている写真を張り出したりします。生活相談員は、営業活動の一環で「お正月にお餅を食べました」的な記事を作り、周辺事業所に配布してしまいます。だからバレるのです。しかし、会社からのおとがめはいっさいありません。強いて言うなら、給食事業担当の管理職から、遠回しに嫌味を言われる程度で、どうということはありません。そのくせ、入居者からは、1カ月ぐらいは「お餅を食べた」ということで話に花が咲くのです。家族からは「何度も何度もホームでお餅を食べたって、楽しそうに母が言うんです」と感謝されます。

しかし、今は環境が違います。そんなことをしようものなら、業務命令違反で下手をすれば解雇になってしまいます。家族からは「もしものことがあったら、どう責任を取るのですか」と言われます。だから、今はやりません。余計なことをして怒られるのであれば、何もしない、余計なことはしない、という選択肢のほうが賢いということになります。公務員や銀行員の世界と同じで、今の介護業界、老人ホーム業界は、挑戦して失敗した場合は、マイナス評価になってしまうので、余計な挑戦はしません。

介護職員の仕事の真実

別の話です。

介護とは何でしょうか。私は、介護職員に求められているスキルのひとつに「お節介」があると考えています。しかし、今の時代は「お節介」は、「余計なこと」になってしまいます。だから、多くの介護職員は「余計なことをしない」という選択肢を選んでいます。余計なことをしないということは、言葉を換えれば、考えることを止める、ということに他なりません。考えることを止めれば、余計なことを考えなくなるので、余計なこともしなくなります。

しかし、必要なことも考えなくなって、必要なこともしなくなります。その結果、少なくとも入居者やその家族からは、毒にも薬にもならない人、気が利かない人、という評価を受けることになるのです。もちろん、以前は、この、毒にも薬にもならない人とは、どちらかというと悪い評価でしたが、今は「普通の人」という評価だと思います。

「介護職員の質が下がった」と言われて久しい昨今。たしかにそのような事実はあると、私も思います。しかし、そのすべてが介護職員個人だけの問題だとは、どうしても思えません。私の経験と流儀で言わせていただけるのであれば、介護職員は入居者や家族が育てるもの、育てられるものだと思っています。お金を払って何で介護職員を育てなければならないのか、という方もいるでしょうが、少なくとも私は、介護職員として入居者やその家族からたくさんのことを学びました。社会的に地位のある立派な方々からは、社会の常識を、認知症の入居者からは、人としての生き様を学んだつもりです。そして、その学びのすべてが、今の仕事に役立っています。私のような浅学者に対し、書籍の執筆というチャンスをいただけたのが、何よりの証拠ではないでしょうか。

老人ホームへの入居を考えている読者の皆様やその家族の方に、あらためてお願いがあります。

介護職員が仕事に「挑戦すること」に対し、許容するチャンスを与えてはいただけないでしょうか。今の介護職員の多くは、仕事に萎縮し、希望もなく、そして、いつ辞めようかを毎日考えながら仕事をしています。もちろん、介護職員の中には、その風上にも置けないような職員もたしかに存在します。そのような職員が多いと嘆く老人ホーム経営者も多くいることは、承知しています。しかし、中には、日々、入居者のことに思いを寄せている不器用な介護職員も多くいるのも、また事実です。彼らは、往々にして不器用で不愛想ゆえに、会社や入居者、家族からは高い評価を受けることができません。さらに、高評価を受けることができないので、賃金や役職が上がるチャンスもありません。つまり、いつまで経っても、現場で汗を流し、その流した汗も、アピールをすることが下手なために報われることなく、それこそ、「知る人ぞ知る」希少生物のような存在になっています。

よく、テレビや映画の世界の中の話で、交番勤務の警察官AさんとBさんの話を目にします。Aさんは早く偉くなるために、仕事の合間も昇進試験の勉強を行ない、試験に合格することに全精力を傾けます。Bさんは、昇進試験の勉強もそこそこに、地域住民の困りごとに全精力を傾けます。当然、Aさんは昇進試験に合格し、偉くなって組織内での発言権も大きくなります。Bさんは、昇進試験に合格できないので、いつまで経っても交番勤務の巡査のままです。いったい、どちらが警察官として正しい在(あ)り方なのか？　という話です。

個人の価値観の問題と言ってしまえばそれまでですが、やはり、どちらが正しいということは定義しなければならないのではないかと思います。老人ホームにも、向上心の高い介護職員は存在します。

しかし、えてして、向上心の高いだけの介護職員がホーム長になると、あっという間(ま)に、介護職員の離反が起こり、ホーム長の職から引きずり降ろされてしまいます。向上心が強い人とは、往々にして「自己中心的な人」だからです。自己中心的な人であったとしても、それをおくびにも出さずに「そうでないふり」をし続けられる人は上手(うま)くいきますが、私の経験上、自己中心的な行動が丸出しになってしまう人が多いように感じます。

第4章

エピソード集
老人ホームで起こるさまざまな出来事

エピソードを紹介する前に

具体的な入居者エピソードに入る前に、私の考えていることをお話しします

私が介護職員として現役で働いていた頃の老人ホームは、まだまだ一部の限られた高齢者のものだったと思います。つまり、一定以上の所得や財産を持っている人たちが多く入居していました。印象として残っている入居者像として一番多かったのは、元公務員です。それも、中央官庁の役人、平たく言うと高級官僚、キャリア官僚が多かったと記憶しています。さらに、学校の先生も多くいたと記憶しています。

次に多かったのは、元医師です。特に絶対数が少ない関係で女医さんが多かったという印象がありますが、これはイメージだけの話だと思います。その次に続くのは、元会社経営者や元団体の代表者です。会社経営者は2つに分かれます。高級と言われているホームは大企業の元経営者、つまりサラリーマン社長だった方が多く、中級のホームの場合は、中小企業の創業者やオーナー経営者が多かったと記憶しています。

つまり、私が身近で見てきた老人ホームの入居者の多くは、世間的な評価で言うと「恵まれた人たち」であり「幸福な人たち」でした。これからお話しするエピソード

の多くは、私の知っている人たちの話になります。

その頃の私は、目の前の入居者を見るにつけ、次のように考えていました。「人は、いくらお金があっても、社会的な地位があっても、認知症になったり、寝たきりになったりしたらお終いだ。お金や地位は何も役には立たない。やはり、健康が一番。健康であれば何とかなる」と。

ところが介護職員として年月を重ねていくうちに、次第に「寝たきりも悪くない」とか「認知症も悪くない」と思えてくるようになってくるので不思議です。私なりの分析によれば、高齢者との接点が増え、さまざまな経験を重ねていくうちに、認知症や寝たきりは、特別なことであると考えていたことが、日常的なこと、普通のことという理解に変わったからだと思います。人は加齢とともに認知症状を発症するものです。認知症状を発症しないで死ねるのは運がいいから？　ということが自然と理解できてきたからです。

最近、関係者の努力や啓蒙活動もあって、障碍者を多く街中で見るようになりました。駅やレストラン、ホテルといった公共性の高いところでは、障碍者の方々がアクティブに活動をしています。当然それをサポートする人たちがいることも事実です。

記憶をたどると、私が子供の頃は、身体に障碍を持つ車椅子の人が電車に乗ったり、バスに乗ったり、ホテルに行ったりという光景を目撃した記憶はありません。一人で身動きが取れないのだから外出することはできない。だから、外にいることはない、と無意識に思っていました。外を自由に動き回ることができるのは、五体満足な人のやることであり、そうでない人は、家で大人しくしているものだ、と。

したがって、このような障碍者がアクティブに外を動き回る光景を数年前に見た時は、違和感があったように記憶しています。しかし、今は不思議と違和感はありません。私の日常の中に、そのような光景は溶け込んでいるからです。

高齢者の話も同じではないでしょうか？　介護職員にとっては、認知症の高齢者は日常です。というよりも、多くの介護職員にとっては、認知症高齢者は愛すべき対象になっているはずです。介護職員は認知症高齢者に対し、「可愛い」という言葉をよく使います。世間の人たちにとっては、何が可愛いのかを理解することができないと思いますが、これは介護職員にとっては共通言語なので、介護職員らはその意味を情緒的に理解することはできます。

つまり、認知症の高齢者を、寝たきりの高齢者を日常的に見て触れることにより、彼らに対する社会の意識は変わり、日常の風景として溶け込んでいくはずです。そしてこれが、本来国が推し進めていく「地域包括ケアシステム」のことだと私は考えています。

老人ホームの本の著者が何を言っているのかと、お叱りの言葉をいただきそうですが、そうではありません。老人ホームの役割とは、単に、認知症高齢者になったら老人ホームに入って面倒を見てもらうことではありません。アパートやマンション、一戸建てなど住宅の種別の中に老人ホームという種別があり、各自が自分でその種別を選んで最善の選択の中で住むことにすればよいのです。老人ホームをまだまだ姥捨て山だと勘違いしている人が多くいるようです。さらに、老人ホームの運営会社側にも、老人ホームは姥捨て山だという認識で経営を行なっているホームもあります。

「○○ができなくなったら老人ホームへ」。たしかにこれは、きわめてわかりやすい考え方だと思いますが、このことだけで老人ホームへの入居を決断することは、そろそろ変えるべき時にきていると思います。「自分のことができなくなったら、仕方がないから老人ホームへ」。私が介護職員だった頃は、多くの入居者やその家族の決断の評価項目に確実にこれがあったと思います。しかし、これからは、やめるべきではないでしょうか。

老人ホームに過度に期待することは、やめるべき

相談者や入居検討者の中には、老人ホームに対し過度な期待をする人たちが多くいます。冷静に考えなければならないことは、自分にとっては、自分の親は唯一無二の存在ですが、老人ホームの介護職員にとって、あなたの親は多くの入居者の中の一人だということです。

したがって、注目されることも、特別な扱いを受けることもありません。よく口コミサイトなどのネット社会の中で、老人ホームに関するクレームが寄せられていますが、そのクレームの多くはサービスに関するクレームです。一般的な人たちからすると「酷い」と感じるクレームも多いでしょうが、私に言わせると見当違いなクレームも多く存在しています。クレームの中で注意しなければならないことは、ホームの中で「自分は王様」だと勘違いしているものです。100人の入居者が生活しているホームの場合、あなたは100人の中の一人、ただそれだけです。ホームとの入居相談時までは、あなたは老人ホームにとっては大切な一人ですが、入居した瞬間に100人の中の一人になります。だから私は、拙著において、老人ホームでは、嫌われる入居者と好かれる入居者に分かれてしまうと論じたのです。1対1で扱われている場合と1対100で扱われている場合とでは、その扱いは当然変わります。したがって、営業担当者は入居相談時には親身に相談に乗ってくれたのに、入居者後の介護職員は冷たいなどと思い、聞いていた話と違うなどというパターンのクレームが多発するのです。

エピソード1

人形を自分の子供だと信じている認知症患者

Aさんは85歳の女性です。認知症を発症し、2年前から老人ホームに入居しています。Aさんは、ある特殊な行動以外は、まったく正常な自立の高齢者に見えるので、初対面の人からは「どのような事情で老人ホームに入居しているのだろうか」と勘繰(かんぐ)られてしまいます。かくいう私も、ある特殊行動を目撃するまでは、まったくAさんは心身ともに自立した〝感じの良い上品なおばあちゃん〟という認識を持っていました。

彼女の居室を訪問すると、それはそれはいつもきれいに整理整頓されています。ベッドには、一目で一流ブランドだとわかるベッドカバーが掛けられ、皺(しわ)ひとつありません。フローリングの床には、見るからに高額なペルシャじゅうたんが敷かれ、来客用の木製の椅子と小さなテーブルが置いてあります。窓に掛かるカーテンも某有名ブランドのレース製です。居室の正面には、彼女が好きだという東山魁夷(ひがしやまかいい)の、もちろん本物が掛けられています。

毎週訪問される娘さんの話によると、Aさんは、良家のご令嬢として生まれ、箱入り娘として大切に育てられたそうです。もともと几帳面な性格でもあり、幼少の頃からお手伝いさんがいる環境で育ったせいか、着るもの、食べものをはじめ、生活の細部に、こだわりと一定の秩序を要していると言います。

ある日のことです。居室の前を通りかかった私は、Aさんから呼び止められ居室の中に入ると、リクエストがありました。「眩(まぶ)しいから窓のカーテンを閉めてくださる?」と。彼女は居室の隅で片づけものをしている最中です。もちろん、窓から直接光は届いていません。するとまたリクエストがありました。「ベッドで寝ている子供が眩しがるので、お手数ですがカーテンを早く閉めてください」と。よく見ると、ベッドカバーの上に一体の人形が置いてあり、その人形の顔に光が直接当たっています。私がカーテンを閉めると安心したように、その人形を抱き上げ、「私の子供、かわいいでしょ」と言って私に人形の顔を見てほしいと促します。

私は、先輩職員にこの一連の出来事を報告したところ、先輩から解説を受けました。「Aさんは、その人形を自分の子供だと思いこんでいます。朝昼晩と食事も与え、気が向くと洗面所で体を洗っています。毎回、毎回、食べ物を人形の口に押しつけるので、人形の口の周りは汚れ、衛生を保つことができません。娘さんと協議の結果、介護職員が隙を見て、人形の口の周りを洗うようにしているので、口の周りのフエルトの色だけが白くなってしまいました。もし、あなたがAさんから『人形を取ってほしい』というリクエストを受けたら、絶対に人形としてではなく、人間の赤ちゃんとして取り扱わなくてはダメです。以前に、人形を取ってほしいというリクエストを受けて、職員が人形を片手で持って手渡したところ『私の大事な子供を乱暴に扱うな』と言って、普段はきわめて大人しく穏やかなAさんが、鬼のような形相に変わり、烈火のごとく怒り狂ったという記録が残っています」と。

ある日の午後、天気が良いので布団を干したいというリクエストに応えるために、私が居室を訪問した時の出来事です。いつものように人形は、ベッドの上に布団を掛けて寝かされています。布団を干すには、人形をどかさなければなりません。私は先輩職員の助言を思い出し、目の前にある人形は、人形ではなく人間の赤ちゃんである、と自分に言い聞かせ、大切に両手で赤ちゃんを抱き上げて彼女に渡そうとしました。

普通、このような時、人間の赤ちゃんの場合は、「可愛い赤ちゃんですね」。とか「よく寝ていますね」とかの声掛けをするものです。わたしも、「気持ちよさそうに良く寝ていますね」と言いながら彼女に手渡すと、意外な反応が返ってきました。「あなた、頭がおかしいの？　これは人形よ。人間ではないのよ。人形に気持ちよさそうに寝ているも何もないじゃない。おかしなことを言う人ねエ」。そう言って軽蔑とも同情ともとれる表情で私を見つめて苦笑いをしています。

私は、釈然としないまま、その場を後にしました。そして、この話を先輩職員に伝えると、先輩職員からは「Aさんは、たまに正気に戻ることがあるの。普段はあっちの世界で生きている人なんだけど、何らかの条件が重なると、こっちの世界に戻ってくるのよ。本当に不思議な人よね」と教えられました。

専門医から認知症と診断され、認知症の薬を服用しているAさん。しかし、一見しただけでは、介護が必要な高齢者には見えません。世間話から少し難しい政治経済の話まで、85歳の女性高齢者としてのレベルは維持していて、まったく違和感もありません。ただ一つ、人形を自分の子供だと思い込んでいる行動以外は……。

老人ホームには認知症の高齢者がたくさんいますが、一口に認知症といっても千差万別。さまざまな状態や場面があるように思えます。Aさんのケースは、この人形の件以外に大きな問題行動はなく、生活も自立しています。さらに、一日のうちに数回、人形を人形として冷静に理解できる時間もあります。介護職員はよく「まだらボケ」という言い方をしますが、彼女の場合、しっかりしている時とぼけている時とが交互に来る「まだらボケ」のケースとも少し様子が違うようです。ホームの看護師によると、認知症というよりも精神疾患に近いのでは？　ということのようですが、娘さんの方針もあり、具体的に周囲に迷惑をかけていないのであれば、この件は不問にしておいてほしいということで専門医の診察を受けてはいないようです。

数カ月後、居室から娘さんの大きな声が聞こえてきます。「お母さん。私よ、私。あなたの娘よ。忘れちゃったの？」。ほどなく、人形を抱きかかえたAさんが職員の元に駆け寄り、「変な人が、慣れ慣れしく、私のことをお母さんと言ってくるのよ。私の娘はこの子一人なのに」と言って助けを求めています。そしてその後ろから、娘さんが、呆れた表情で、「もう実の娘のこともわからないくらいに頭が壊れているのね」とつぶやきながら肩を落として立っている姿が、今も目に焼きついています。

エピソード2

自分が認知症になっていくことを自覚して苦悶

Bさんは92歳の男性入居者。一流の上に〝超〟がつく大会社の元副社長さんです。若い頃は柔道選手としても活躍し、一時はオリンピック日本代表の候補者にもなったほどの強者でした。まさに、文武両道とは彼のことを言うのではないでしょうか。普段の彼は、いたって紳士的。特に年齢から考えると珍しいぐらい女性に優しいおじいちゃんです。私の経験値だけで申し上げると、高齢者の男性の中には、明らかに男尊女卑の思想を持っている人は、珍しくありませんが、しかし、彼は常にレディーファーストで女性入居者や女性職員に接しています。

そんなBさんの悩みごとは何か？　それは、認知症になっていくことを自身が一部自覚でき、その恐怖感にさいなまれていることでした。

夜になると「私の頭は狂っているようなんですが……？」と言いながら、職員に助けを求めてきます。職員はいつも「心配は要りませんよ。あなたの頭は、けっして狂ってなんていませんから」と説得します。そのつど、Bさんは「そうですか？　それを聞いて安心しました」と自室に戻っていきます。しかし、また、しばらくすると、自室から職員のいるところまで来て「最近どうも頭がおかしくなっているようなんですが……？」と救いを求めてきます。

「頭がおかしくなって」という訴えは、日に日に回数が増していきます。当初は、数日に1回夜間だけだった訴えが、半年もすると毎晩になり、今では朝、昼、晩、そして寝る前にと、何度も何度も訴えてきます。職員は、そのつど、安心させるような言葉を掛けますが、多くの入居者の世話を一緒にしなければならない老人ホームの限界もあり、時には、訴えに対し、適当に答えてしまう時もあります。

私は、日々、彼の言動に触れながら次のような仮説を考えました。それは、人はある日突然、認知症になり、問題行動を起こすわけではない、ということです。人により違いはあると思いますが、人は、徐々に認知機能が衰え、認知症に侵されていきます。Bさんは、認知症のかかり始めだったのです。そして残酷なことは、彼は、自分が認知症になっていくことを、何らかの形で自覚することができていた、ということです。だから、私たちに対し「自分は頭がおかしくなっていく」と、訴えていたのです。

ある日突然、何もわからなくなってしまえば、それはそれで幸せなことかもわかりませんが、彼は、一日のうちで、ある瞬間に自分の頭が壊れていく、おかしくなっていくという自覚をしながら、しかし、自身ではどうすることもできないことも自覚しながら、自分が壊れていくことを経験していたのだと考えます。彼の立場に立って考えた場合、それはそれは恐ろしいことだと推察することができます。もし、私だったら、と考えた場合、壊れていく自分を認識しながら打つ手がないことに対する恐怖心は、想像しただけでも恐ろしく、恐怖心から逃れるためには、早く認知症になってしまい、何もわからなくなったほうが良いのではと考えてしまうと思います。

結局Bさんは、1年の歳月をかけて、完全に認知症になってしまいました。しかし、徘徊をするとか、暴力を振るうとか、周囲の人に迷惑をかけるような症状はまったくありません。どちらかと言うと、周囲から愛される認知症状が出現しています。「すいません。私の入れ歯を知りませんか。どこかになくしてしまったようなんですが」と職員に声を掛けてきます。「入れ歯は口の中に入っていますよ」と職員が言うと、口の中に手を入れ、入っている入れ歯を確認すると「よかった。口の中に入っていました」と満面の笑顔で職員にお礼を言います。毎日毎日、この行動を5回も6回も繰り返し、そのつど、安心して満面の笑顔で職員にお礼を言うのです。心配なことがあると、職員に訴えてきますが、心配ないことを職員が伝えると、素直に職員の助言を聞き入れて従うという従順さがあります。したがって、多くの職員から煙たがれるような存在ではありません。

一つだけ、気がかりなのは、もともと回数が多かったわけではなかった家族の訪問が、主治医から正式に認知症と診断され、薬を服用するようになったタイミングで、息子や娘の訪問回数が激減してしまったことです。家族間にも、私たち他人にはわからない葛藤(かっとう)があるのだと思います。現役時代に立派だった人ほど、人生の店じまいの方法も難しいということなのでしょうか。

エピソード3

夫婦で入居。奥さまがご主人を毎日虐待

Cさん夫婦は、ホーム内でも有名なおしどり夫婦です。一番大きな居室に夫婦で入居しています。ご主人は元官僚で94歳。現役時代は国会で省を代表して答弁をするような立場の人でした。奥さまは専業主婦ですが、お父様は元海軍将校でこれまた有名な人だったようです。この二人にとって、とても残念なことは、ご主人は重度のアルツハイマー型認知症、奥さまも認知症にかかっていました。一日のほとんどを、ご夫婦で仲良く過ごしているのですが、ある行動が職員を悩ましています。

「あのね。あそこに見える赤い屋根の家があるでしょ。あそこに、毎日うちの主人が通っているのよ」「あそこにいる女のところに主人が通っているの」と。職員を見つけると、奥さまは、そう言って窓の外に見える赤い屋根の家を指差します。

お風呂に行ってご主人の姿が見えないと「きっと、あの家に行っているのよ」と言って、自室に戻ってきます。ほどなくして、ご主人が職員と一緒に入浴から戻り、ラウンジでお茶を美味しそうに飲み始めます。入浴が終わったことを居室にいる奥さま

に伝えると、奥さまもラウンジにお茶を飲みに出てくるのですが、Cさんの整容やバイタルチェックなどのために、女性の看護師や職員が関わっていると、てきめん、「あれは主人の女で」うんぬんかんぬんと始まってしまいます。しかし、Cさんが一人になると、今までのことが嘘のように、二人で何事もなかったように、仲が良さそうに一緒にお茶を。

この認知症夫婦は、毎日、ほぼ一緒に仲良く行動を共にしています。これは、家族からのリクエストでもあります。職員は、どちらかが、入浴やレクリエーションに参加するので一人になってしまう場合は必ず相手に説明し、いちおうの了解をさせてから行動に移るということをホーム内での約束事としています。

一見、穏やかなで知的なご夫婦。しかし、この二人には、まったく別の顔がありました。それは、奥さまによるご主人に対する虐待です。夜間や早朝、夕飯後に、奥さまのご主人に対する虐待は多く発生します。多くの場合、アルツハイマーで何もわからないご主人に対し、居室の真ん中に土下座をさせ、汚い言葉で奥さまが罵（ののし）ります。さらに、時には、手や足で、時には、居室にある枕やタオルを使って、土下座をしているご主人を叩きまくるのです。

さすがにたまらず、ご主人は居室から出てきて職員のところに駆け寄りますが、当然、上手く説明をすることはできません。職員が「どうしました？」と問いかけても、意味不明なことを言うだけで、おどおどしているだけです。虐待の事実がわからなかった初期のころは、職員の多くは、この現象に対し、アルツハイマーの高齢者だからこのような行動をとるのだろうと考えていました。さらに虐待は、密室の中でしか起きないため、真実を確認するまでには時間がかかりました。

ある日のこと、入浴を担当していた職員から、看護師に対し、Cさんの太ももにあざや発赤（はっせき）があることが報告されました。看護師は、このあざと発赤を見て、すぐに奥さまによる虐待を疑いました。そして、看護師より介護職員に対し、夜間帯の訪室を適当な理由をつけては頻回（ひんかい）にするように申し送られました。ある日の夜間帯、医師の指示でご主人に対し目薬を差さなければならないという口実で訪室したところ、奥さまが別人のような形相（ぎょうそう）で、ご主人を叩きまくっていたところを目撃しました。すぐさま、ご主人を保護したことは言うまでもありません。

しかし、人間というものは、つくづく本当に難しいもので、この事実を整理した上で、後日、ご家族を呼んで今後の二人のことを協議することになりました。私たちからご家族への提案は、ご主人と奥さまをホーム内で別居させて様子を見てみたいというものでした。しかし、ご家族からの回答はNOでした。ご家族は、今まで通り二人を一緒の居室で暮らさせたいと言います。

長男が代表して次のように説明しました。

実は、奥さまのご主人に対する虐待は、ご主人が認知症を発症してから長い間、自宅でも継続していたとのことでした。毎晩のように、ご主人に対する虐待は行なわれ、その様子を自分たちはビデオカメラで撮影し、確認もしています。多くは、奥さまによる口頭での罵倒、罵りが中心でしたが、時には手を上げることもあったといいます。しかし、しばらくすると、奥さまは別人のようにうって変わり、ご主人の面倒を献身的に見始めるといいます。

なぜこのようなことになってしまったのかは、定かではありません。現役時代のご主人には、長らく外に特定の女性がいました。そして、そのことで、奥さまがひどく傷ついたことは事実です。子供だった自分も、現役時代のご主人の振る舞いに対し、憤(いきどお)りを覚えています。「東大以外の大学には行くな」「東大以外は大学ではない」「東大以外は人間のクズだ」と言われ、勉強をすることを強(し)いられ、子供ながらにご主人の理不尽さを許すことができませんでした。しかし、退官し、現役生活が終わってすぐに、認知症になってしまい、あれよあれよという間に、認知症が悪化、今までの振る舞いが嘘のようにまるで幼児のようになってしまいました。そして、奥さまに強く依存するようになってしまったのです。次のように整理しています。

かつては、やり手のエリート官僚として、仕事にも収入にも恵まれ、おまけに女性にも恵まれ、好き勝手にやってきましたが、やはり、母のことを思う気持ちは嘘ではなかったのではないだろうか。だとすると、今は当然そのような女性は存在せず、母と一緒にいたいと願っているはずです。たとえ、母親から虐待を受けていたとしても、それでも一緒にいたいはずなのではないだろうか。どうか今まで通りの生活でお願いしたい。

もちろん、この事実は家族である自分たちは承知していることなので、万に一つの、事故や事件が起きた時は、そのすべての責任は、自分たち家族にあると考えています。ホーム側には一切迷惑をかけるつもりはありません。どうか、家族の願いを聞いて欲しい。……そう話したのでした。

結局、当面の間は「今まで通り」ということで決着をしましたが、看護師からの強い要請で、昼間帯はなるべく居室で二人だけにしないこと、必要があれば、一時的に二人を分離して介護を行なうことを家族に承知してもらうことを条件に二人での生活を継続しました。

エピソード4

元有名うどん店の経営者。その繁盛店の秘訣とは⁉

Dさんは有名うどん店のご主人です。実のお子様はなく、養子縁組されたご夫婦が後見人として面倒を見ています。現在95歳の男性で、身体は健康、多少の認知症状はあるものの、年相応程度のものであり、自立の高齢者に属するというのがホームの評価です。

しかし、ご本人の希望で常時車椅子に乗っています。そんなDさんが、いつものように車椅子を自分で器用に操(あやつ)りながら、事務室にやってきました。膝の上には、これまたいつものように大きな段ボール箱が乗っています。「これ職員の皆さんで」と言って、膝の上の段ボール箱を職員に手渡します。職員もいつものように、「Dさん、いつもありがとう」と言って、受け取ります。この箱の中身は缶コーヒーです。毎週、養子縁組して店の身代を譲ったお子さんに言って送ってもらっています。職員がこの贈り物を受け取らないと、非常に不機嫌になるため、職員はひとまず素直に受け取り、後日、お子さまが来た時に返しています。つまり、この缶コーヒーは、彼と職員との間を宅配便で行ったり来たりしているということになるのです。

以前、私がDさんの病院受診に同行した時の話です。私が車中で次のような質問をしたことがあります。

「あなたは有名なうどん店を何軒も経営し、多くのお弟子さんにのれん分けしています。うどんのおいしい作り方、コツを教えてください?」

「おいしい作り方なんて、特にないよ」

とDさん。私は何とか自分が欲する解答を得ようと食い下がります。

「うどんはやっぱり麺ですか？　腰が強くて、弾力があって……。きっと麺作りは大変だったんでしょうね」

「大変じゃないよ。注文すると業者が持ってきてくれるから」

「麺は専門業者に依頼していたんですか。それでは出汁（だし）を工夫していたのですか？」

「してないよ。頼めば業者が持ってきてくれるから」

「てんぷらは？　付け合わせの煮物は？」

「全部業者が持ってきてくれるんだよ」

「それじゃあ、いったいお店で何をやっていたんですか」

「お客さんがどんな顔をして食べているかと、食べ残しがどのくらいあるのかを見ていただけ。それとそろばんかな」

普段無口なDさんが私を諭（さと）すように話を続けてきます。

「商売とは、地域特性を考え、地域に合ったサービスを提供することが重要なんだよ。自分が群馬県の田舎（いなか）から出てきて、最初に店を出したのは横浜の京浜工業地帯の

T地区。ここは工場で働く工員さんがたくさんいるから、安くて量が多くなければ流行(はや)らないんだ。だから、全部のメニューを大盛りにして、料金を少し安くしたんだ。さらに、うどんだけでは工員さんは物足りないから、ライスをつけて、てんぷらやお刺身をつけて、とにかくボリュームを大きくしたメニューにしたんだ」

私は話を聞きながら、今でこそ「○○御膳」という名前のセットメニューを提供している店はめずらしくないが、もしかしたら彼がその元祖かもしれないと思いました。そんなつもりで話をしたわけではないと思いますが、彼の話は、間違いなくマーケティングの重要性と顧客満足度の向上の話だったと思います。ホームにいる時は、自分の足で歩けるのに、わざと車椅子に乗っているDさん。誰も見ていない時は、車椅子を降りて自由に歩いているお茶目さん。毎朝4時に起きて、必ず1階の食堂に行き、まだ朝食の時間ではないことを確認してから居室に戻り、時間が来るまでもう一度寝ます。職員に自分の用事を頼む時は、必ず缶コーヒーを1本くれます。温厚で人との争いごとが大嫌いな彼は見た目は、単なる「うどん屋のおやじ」にしか見えませんが、商売で成功したのには、それなりの理由があったということだと思います。

そんなDさんとも永遠のお別れをしなければならない時が来ます。心臓の持病が悪化し近くの総合病院に入院しました。医師から「年齢を考えるとそろそろ限界」という診断を受けました。Dさんの「ホームに帰りたい」というたっての希望で、病院を退院、ホームに戻ってきました。病院へのお迎えは、たまたま、シフトの関係で私が寝台車で行きました。意外と元気そうな彼を車椅子のまま、寝台車に乗せて一緒にホームに戻ります。病院の看護師さんが「ホームに帰ることができて良かったですね」と言っていますが、返事はしません。耳が遠く聞こえていないのか、それとも聞こえないふりをしていたのかは定かではありませんが、自分に着目されることが好きではない彼の性質を考えた場合、聞こえないふりをしていたのだろうと思っています。90歳を過ぎた年寄りにしかできない芸当なのでしょう。特別な感情は湧(わ)き上がりませんでしたが、家ではなく、「ホームに帰りたい」と言ってくれたことは、介護職員にとって、これ以上はないご褒美だと思いました。

お子様やお弟子さんらも、最後は本人の好きなようにしてほしいと言い、ホームでの看取(みと)りになりました。といっても、湿っぽく、暗くなることはありません。看護師からは、元気そうに見えても、いつ息を引き取ってもおかしくない状態なので、訪室数を増やし、声掛けを強化してほしいと介護に要請があります。

一カ月後、多くの職員がまったく予期していない早朝、彼は自室でひっそりと息を引き取りました。訪室した介護職員がベッドで寝ている彼が息をしていないことに気がつきました。連絡を受けて近隣に住む看護師が飛んできました。いつかはと思っていましたが、最近、元気を取り戻し、鋼（はがね）の心臓の持ち主とまで評価されたDさんだったので、全職員、驚きを隠せません。中には、Dさんて看取りだったっけ、などと言う職員までいたありさまでした。看護師から身体を丁寧に拭かれ、寝る前に自分で外していた入れ歯を入れ直し、いつものような「うどん屋のおやじ」の顔でベッドに寝ています。

「ありがとうね。缶コーヒー持って行って」。そんな声が、職員には聞こえていたのではないでしょうか。

最後にDさんの嫌いな食べ物は「麺類」だったということを記しておきたいと思います。彼の食札には赤い文字で大きく「麺禁」の2文字が明確に記されていました。

エピソード5

居室が居酒屋⁉　元クラブ経営者の話

Gさんは75歳の女性。元銀座のクラブ経営者です。もともと、お父さまが有名なてんぷら屋さんを営んでいました。子供の頃から、飲食店が身近にあったこともあり、Gさんも女学校を卒業すると、飲食店の道に入ったようです。複数の飲食店を経営した後、銀座でクラブを始めたそうです。

彼女が老人ホームに入居を決めた理由は、子供がいないことと持病のパーキンソン病が悪化したことによります。また、数年前に罹(かか)った脳梗塞の影響で、左半身に軽い麻痺(まひ)が残っていることも遠因の一つです。今はまだ、自分のことは自分でできますが、そのうちパーキンソン病により、人からの介護支援がどうしても必要になる時が来ます。その時に、慌(あわ)てないように、今のうちから老人ホームに入居しようということでした。

そんなGさんですから、他の入居者と比べると、元気そのものです。日常生活で介護職員の手助けを借りることはまずありません。むしろ、介護職員が忙しい時など、持ち前のお節介な性格から、要介護入居者の見守りを手伝ってくれるほどです。

職員を困らせていることが一つだけありました。毎晩自室で催される酒盛りです。老人ホームでは、自室での飲酒を禁止しているところがほとんどですが、厳密には、入居者の身体状況を鑑み、消極的に了解しているケースがあります。さらに、入居者が無断で飲酒していることに対し、黙認するケースもあります。

いつものように、19時過ぎから彼女の居室で酒盛りが始まります。参加者は日によってまちまちですが、彼女と特に親しい自立の入居者数名が参加します。全員、社会的にそれなりの地位にあった人物やその奥さまたちなので、若者のように羽目を外し泥酔するようなことは一切ありません。参加者で持ち寄った酒の肴を彼女のお酌で飲みながら、世間話や昔話に花が咲きます。そして、20時過ぎには、全員自室へと戻っていきます。この件については、何度も介護職員は本人やその家族と協議を重ね、次のような取り決めをした上で、容認していました。

①　飲酒も入居者の権利であることを理解する。
②　居室内での酒盛りは21時までに終了する。

③ 主治医から飲酒を控える指示があった場合は、それに従う。
④ 他の入居者に迷惑をかけない。
⑤ 飲酒は居室内で行ない、廊下やホールでは飲まない。
⑥ 食べ物の自己管理ができなくなった場合、職員管理とすることに同意する。

という具合でした。

特に、食べ物については、各自の居室に冷蔵庫があるため、数日間程度であれば、総菜などを保管することは可能でしたが、中には賞味期限切れの食べ物が長く放置されている場合もありました。

夜勤帯での仕事がいち段落する21時過ぎから、スナックGの第2幕が始まります。常連の入居者が自室に帰ってしまった後、夜勤者に対し「少し休んでいったら」という彼女の呼び込みが始まります。「美味しいローストビーフがあるのよ。今日、弟が来て差し入れてくれたの」とか、「今日は、手がかかる人が入院しているでしょ。少しぐらい付き合いなさいよ」と言って夜勤職員を誘います。積極的に誘われる職員は、だいたい、若くて体格の良いスポーツマンタイプの職員です。毎日毎日、夜勤帯のリーダー職員の判断で、「少しぐらい相手をするのも介護の内」ということで、急用がなければ30分程度を職員がお相手をする慣例になっていました。

もちろん、勤務中なのでお酒は飲みません。そのあたりは彼女も心得ており、日本茶かウーロン茶が出てきます。元気で自立しているとはいえ、既往歴を持ち、主治医からも「物忘れ等が最近出現しているので油断は禁物、要観察をしてください」と言われている関係で、彼女がどのような暮らしをしているのかを知る必要もあるので、居室内での相手をすることに対しては介護業務という位置づけで運営していました。

Gさんの居室には、不釣り合いなほど大きな冷蔵庫があります。電子レンジも備え付けてあります。彼女の自慢は、30年以上継ぎ足し使っているぬか床です。中には、キュウリやダイコン、ナスなどがほどよく漬かっています。さらに、父親の後を継いでてんぷら屋さんを経営している弟さんが差し入れるてんぷらや煮物などが所狭しとタッパーに入っています。

「今日ね。弟が持ってきてくれたうちの天ぷらよ。レンジでチンするから食べていってよ」。そう言って紙皿にてんぷらを載せてくれます。「天つゆや薬味も弟が持って来てくれているから美味しいでしょう。うちの天ぷら」と言いながら、自身はイモ焼酎のお湯割りをちびりちびりと飲んでいます。たわいのない世間話をしながら30分程度の時間が経過すると決まって職員が持っているナースコールに他の職員から連絡が入り、居室を退出する口実が発生します。

「Gさん、仕事が入っちゃったから行かなきゃ！」「あらそう、大変ね」。いつも、こういう会話で居室を後にします。

　半年後のある日、いつものように職員が居室にお邪魔しお酒の相手をしていると、自慢のお漬物の味に異変を感じました。「このお漬物、少し味がおかしいみたい」と言って差し出します。彼女は差し出されたお漬物を口に入れ、「おいしいじゃない。いつもと一緒よ」と反論します。どうしてもおかしいと思った職員が機転を利かせ、他の職員にも食べさせてあげたいからと言って、ぬか床にあったお漬物を全部もらっていくことにしました。その後、他の職員にも試食をさせると、「たしかに味がおかしい」「腐っているのでは？」という見解になり、明日の朝の申し送り時に看護師、生活相談員、ホーム長を交えてどうするかを検討することになりました。

結論は「少しずつだが、物忘れが酷くなってきている。今まで、できていたことが、だんだんできなくなってきている」というものでした。年配の職員からは、「ぬか床は毎日かき混ぜなければならないのに、それができなくなったら、食材の管理は職員に任せてもらう必要があるのではないか」「もう今までのように自由にさせておくわけにはいかないのでは？」という意見が噴出しました。これらの話を彼女にしたところで「大丈夫よ」と言って拒絶されるのがおちです。

案の定、生活に対する心配事を伝えると「大丈夫」と言う回答が返ってきました。そこで、弟さんと相談し、入浴などで居室を空けている間に、職員がチェックをすることを決めました。冷蔵庫はともかく、それ以外のところから、腐りかけた食品が出てきます。それを職員が回収し、リストに記載してから廃棄していきます。そして、来訪される弟さんに破棄一覧を見てもらい、今後の対応を協議するということの繰り返しです。

1年後、弟さんの長年の説得が功を奏したのか、食品管理をすべてホーム側に任せるということになりました。購入した食品は調味料等を除き、すべて居室ではなくホームの大型冷蔵庫で職員により管理されます。彼女は、最近では「何を食べてもおいしく感じない」という訴えも多くなり、食に対する意欲もなくなってきているようです。持病のパーキンソン病も進行し、徐々にではありますが職員の手伝いが必要になってきています。

半年後、彼女は2度目の脳梗塞であっけなく亡くなりました。誰からも束縛されない、自由気ままな生涯でした。私は居室をかたずけるために来訪した弟さんが、Gさんが大切にしていたぬか床用の陶器の壺を抱えて帰る後姿を静かに見送りました。

エピソード6

ご主人は下町のエジソン。筋の通らないことが大嫌い

私が新人介護職員だった時、83歳の女性入居者Nさんの話です。彼女は3年前にご主人を亡くし、老人ホームに入居しました。肺に持病を持っており、常時酸素吸入をしなければならず、気管を切開しカニューレが入っているので、定期的に吸入し気管の掃除が必要でした。それ以外は、いたって健常。頭脳明晰、口は達者で、気に入ら

ないことがあると誰かれかまわず平気で文句を言います。失礼を承知で言えば、昔ヒットした青島幸男のテレビ番組「意地悪ばあさん」の主人公にそっくりです。

今から50年以上前、亡くなったご主人と二人三脚で東京の下町で工場を起こしました。高度経済成長の波に乗り、名だたる大企業の下請けとして工場は成長を続け、今では社員数300人を超える大企業です。さらに、努力家のご主人は、関係者から「下町のエジソン」と呼ばれるアイデアマンだったと言います。多くの特許を取得し、誰もが知る有名大企業もご主人の特許なしには成り立たないほどです。

また、ホーム長の話によると、Nさんは子供たちに、いっさい何も相談せずに老人ホームへの入居を決めてしまったそうです。契約には身元引受人が必要なので、長男が引受人になることで落ち着きましたが、老人ホームに入居するということ自体が寝耳に水だったようで、契約当日は、関係者の面前で大喧嘩を繰り広げ、全員で二人をなだめたと言います。

「まったく、うちの嫁は、躾がなっていない。息子はあんな嫁のどこが良くて一緒になったのやら」と、電話の後でいつものように長男の嫁の悪口が始まります。どうやら、長男の嫁に何かを指示したらしいのですが、上手く伝わらなかったようです。ちなみに、長男はご主人が亡くなる4年前に、後継者として社長に就任、事実上会社を切り盛りしていたといいます。

しかし、Nさんはそんな長男とどうも気が合わない様子です。そしてさらにお嫁さんとは、まったく気が合わないと言っています。入居当時から彼女のことをよく知る介護職員によると、どうやら長男がお嫁さんを会社で働かせないで、自由にさせているところが気に入らないのではと言います。亡くなったご主人と二人三脚で働いてきて、ご主人が亡くなり、長男に会社を継がせた後も、相談役として毎日朝から夕方まで会社で仕事をしていました。Nさんに言わせると、女房が旦那の仕事を手伝うのは当たり前、夫婦が力を合わせて一所懸命仕事をすることを望んでいました。さらに、彼女が老人ホームに入居した理由の一つに、長男や長男の嫁には、面倒を見られたくないという理由があったと聞きます。本人も、自分のことは自分でやるのが当たり前、人の手助けは借りない、というのが信念です。

よくこんな場面を目撃しました。ホーム内で、認知症の入居者が意味もなく職員に対して「お願いします」「お願いします」と叫んでいることがあります。Nさんはその叫んでいる入居者のところに行き、「あなたは、職員さんに何をお願いしたいの？何をしてほしいの？」と真剣に聞きます。意表を突かれた認知症入居者が「ベッドに寝かせてほしいのよ」などと言おうものなら、これまた真剣に「あなたは、一人でベッドで寝ることはできないの？　いい大人なんだからそんなことで職員の手を煩わせるようなことをしてはダメ。一人で、できるでしょう。甘えていないで一人で寝なさい」と、ピシャリと言います。さらに、聞き分けが悪いとベッドまで一緒に連れていき、寝かしつけてしまいます。老人ホームでは、認知症の入居者は、けっして珍しくはなく、その対応は、ある意味不毛に近いケースが多いのですが、何度も何度も、真剣に正しい回答を認知症入居者に向けて発信し続けていきます。

ある日のこと、ナースコールで呼ばれ、私が居室に伺うと、自分で気管の吸引掃除をしているところでした。作業をしながらの話なので、空気が気管から漏れて上手く声が出ていません。しばらく、それを見守りながら、とりとめのないやり取りをして作業が終わるのを待ちました。「今日の夜勤者は誰なの？」と聞かれたので答えると、Nさんは「今日の私は少しいつもと違うのよ。様子が変なの。二人に今日は、少し気にしておいてほしいと伝えてくれる」と奇妙なことを言います。私が「縁起でもないことを言うのはやめてください。いつもと同じにしか見えませんよ」と返しても反応がありません。私は、その足で看護師のところに行き、話の内容を伝えると、看護師は「後で、少し話をしてみるわ」と言ってNさんの居室のほうへ向かいました。

それから数時間後、私が勤務を終えて着替えていると、救急車の音が聞こえてきます。どんどん音は大きくなって、どうやらこちらに向かっていることがわかります。実は、救急車を要請したのは看護師であり、対象者はNさんでした。看護師によると、居室を訪問した時には、すでに意識は混濁していたと言います。私は、玄関先で口に酸素マスクを掛けられ担架で救急隊によって運ばれていく彼女を見ながら、さっき何を感じてあのような話を私にしたのだろうか、と思いを巡らせました。翌日の午前中、結局、搬送先の病院で息を引き取りました。死因は呼吸器不全に伴う急性肺炎だったそうです。

その日の夕方、長男が居室の片づけに来ていました。立ち会った生活相談員の話によると、長男は、実の子供ではなく、養子だったと言います。子供のいなかったNさん夫婦は、養子をとって実の子供のように育てたようです。特にNさんは厳しかったと言います。長男は、居室の片づけなど手につかない様子で、Nさんの寝ていたベッドに腰を下ろして、ただただ、おいおいと周囲の人など気にも留めずに、泣いているだけだったと言います。

彼女の身に、何が起きていたのかなど、私が知る由（よし）もありません。よく言う「虫の知らせ」「死期を自覚することができた」ということなのでしょう。今にして思うと、「少し気にしておいてほしい」という意味は、助けてほしいということではなく、「これから死ぬのでよろしくね」という意味だったのかもわかりません。なぜなら、もし、助けてほしいという気持ちで言ったのであれば、これから病院に行くと言ったに違いありません。今でも私の脳裏（のうり）には、右手で杖（つえ）を突き、左手には在宅酸素のボンベを積んだ引き車を引く姿が焼きついています。

エピソード7

お孫さんはテレビの人気者。いつも凛(りん)とし、自立していたが……

Mさんは88歳の女性。自立の高齢者です。誰の目にも「きっと、若かった時は、さぞかし美人だったんだろう」と想像がつくような高齢者です。ご主人は、上場企業の元社長。10年前に病気で他界しています。最近の彼女の密(ひそ)かな自慢は、お孫さんのこと。なんとこのお孫さんは、タレントとしてテレビや映画などで活躍しているのです。居室には写真が飾ってあります。彼の容貌はきっとMさん譲りなのでしょう。

自立の高齢者なので、普段は、われわれ介護職員とはあまり接触はありません。特に、Mさんの場合は、ご本人の希望もあり、自分のことは自分でやりたい、介護職員からの支援は受けたくない、ということもあって、介護職員のかかわりは、原則「見守り」だけになります。平たく言えば、ホームの入居者というよりは、同居人のような存在です。さらには、職員と入居者とのトラブルがあると、見るに見かねて、仲裁に入ってくれたり、忙しい職員を見かけると「このおばあちゃんは、私が見ているから、あなたは仕事を続けなさい」と言って、介護を代わってくれたりします。

彼女は多くの職員に「わたしも年を取ったらあなたのようになりたいわ」と言わせるような人でした。よく目にする光景は、食堂などで自立の入居者が認知症の入居者に対し「うるさい」「わめくな」「静かにできないのか」と罵って(ののし)いる姿を見かけると、「明日はわが身ですよ。このおばあんちゃんも好きで病気になったわけではないのだから。私たちは運よく病気になっていないだけではないのですか?」と言って入居者を諭して(さと)くれます。いつもいつも、自分のスタイルを持ち、当然、介護職員に非があるときは、介護職員に対しても容赦なく注意が飛んできます。

ある日のこと、看護師に介護職員が招集されました。看護師が話を始めます。夏季オリンピックが始まっていました。時差があり、深夜に生放送でオリンピックがテレビ放映されています。「Mさんはオリンピックが好きなようで、深夜にテレビを見ていて、その影響で、朝食を摂らずに昼頃まで寝ています。健康管理に責任を持っている自分としては、昼夜逆転はよくないことだと判断している。元気だからといっても、88歳の高齢者。高血圧でもあり、最近の健診でも主治医から心臓もよくないと言われている。ついては、介護職員の方から深夜のオリンピック観戦は止めるように言ってほしい。昼間、再放送はあるし、必要があれば録画をするなど対応できるはずだ」という指示でした。話し合いの結果、私が代表して彼女にテレビ観戦を止めるように言うことになりました。

夜勤帯で一通りの業務が落ち着いた10時頃、私は居室を訪問しました。彼女は、ベッドに横になりながら本を読んでいました。「少しだけいいですか？」と言って私は話しかけます。彼女はベッドから起き上がると私を椅子に座らせ、自分はベッドに腰掛け直します。私は看護師からの指示を伝えました。彼女は笑顔で私の話を頷きながら聞いています。そして、私の話が終わると「ちょっと、箪笥（たんす）の上にある箱を取ってくださる？　大きな黒い箱よ」と言って洋服ダンスと天井の隙間にある箱を指さしました。

私がその箱をテーブルの上に下ろすと、その箱の蓋（ふた）には〝旅だちの仕度〟と記してあります。蓋を取ると、中には大きな帽子と真っ赤なドレス、同じく赤い靴が入っています。「旅行に行く計画があるのですか？　まさか、オリンピックを見に行こうとしているのですか？」と尋ねると、首を横に振りながら次のように話を始めました。

「私が死んだら、この箱にある洋服を着せてね。帽子をかぶせ、靴も忘れずにお願いね。いい機会だから、あなたにお願いしておくわ」と。

話は続きます。「このオリンピックは、私にとって人生最後のオリンピックなの。あなたにとっては、次のオリンピックも当たり前にあると思うけど、私には、もう次はないの。だから、人生最後のオリンピックで日本が活躍している姿を目に焼き付けておきたいのよ。看護師さんが私のことを心配してくださることは、本当にうれしいのよ。ありがとう。でもね、私は最後のオリンピックを選手と同じ時間を共有し応援したいの」。

さらに、話は続きます。「もし、私が夜中にテレビを見ていることで万一のことがあっても、ホームには迷惑をかけないように、息子たちには言っておくから。ホームの注意を聞かず、私が勝手に自分で判断して夜更(よふ)かししているんだってことを」と言って私を凝視しています。まるで、その眼には、自分がいつ死ぬのかを予見しているようでした。

私は、次の日の朝の申し送りで、一部始終を説明しました。ホーム長をはじめ参加している介護職員からは「Mさんの好きなようにしてもらおう」という声が上がりました。看護師も容認してくれましたが、そこは健康管理の責任者です。どうしても健康管理にこだわり、最後まで抵抗、夜勤帯で0時に必ず血圧を測り、異常値を示したら休むことと、朝食は欠食になるが昼食は必ず食べること、Mさん以外の入居者には、引き続き夜更かし厳禁を条件に、彼女のテレビ観戦は解禁になりました。

それから、1年後、Mさんは介護職員の手をいっさい煩(わずら)わすことなく、ホームで眠るように亡くなりました。89年の人生でした。女性職員が化粧をし、赤いドレスに着替えたMさんがベッドに横たわっています。最後の最後まで、ホームに、そして職員に対し、いっさいの手助けを受けずに亡くなった最期は、実に見事なものだったと思います。

実は、私は彼女から、次のようなことを言われたことがあります。

「私は病気が原因で『要介護2』の認定を受けているけど、自分のことは自分でできるの。だから、あなたは私のことは気にしないでいいのよ。そのかわり、困っている入居者がいて、あなたの手助けを必要としている人がいたら、必ず助けてあげてね。

私にかまう時間でその人のことを面倒見てあげてほしいの」

彼女は介護保険制度のことを勉強したわけではありません。しかし、介護保険制度の相互扶助の精神を無意識の中で自覚し、実行できた高齢者ではないでしょうか？とかく、介護保険制度は使わなければ損、職員を自分のために働かさなければ損、という考えの人が多くいます。彼女は、そんな人たちに対し、「自分のことが自分でできる人は、人を当てにせずに自分でやりなさい」と言っているような気がします。

エピソード8

居室で役員会議？ 元経営者の口癖は「偉くなるには運と要領だ」

Tさんは上場企業の元会長。80歳の男性で、要介護3、認知症の症状もちらほらとあります。しかし、今でも会社経営に対し影響力を持っているのか、毎月1回、彼の居室には、会社の重役が大勢訪れます。彼に言わせると、会社の業績報告に会長や社長など役員が来るのだと得意げに話しますが……。

ちなみに、多くの役員は当然ですが彼の元部下ということになります。私の目から見ても、会社の経営陣が経営に関する報告や助言をもらいに来ているとは、とうてい見えません。どちらかというと、お見舞いに来ている、会社の功労者に対し敬愛の情で来ているというところだと思います。

Tさんは北陸地方の農家の生まれで、若い時に仕事を求め、上京したそうです。途中、戦争で中国に出征もしています。その後、洋品店を営んでいた家の女性と結婚、その洋品店を才覚でもって拡大発展させ、一部の地域の人にとっては、知る人ぞ知る有名な総合スーパーに育て上げました。まさに、絵に描いたような立身出世をした人物です。

そんなTさんですが、就寝前に、必ず職員に昔話を話します。職員が、寝る前の眠剤を持って居室に行くと、いつものルーティンとして昔話が始まるのです。自分がどうして成功したのかという話です。その話がきわめて現実的で、脚色のない正直な話なのでとても面白く、役に立ちます。彼に言わせると、人が出世するためには「運」が良くないとダメだそうです。どんなに頭が良くても、運のない人は絶対に出世はしないそうです。そして、「要領」が良くない人も出世できないと言います。昔話の中で「馬鹿正直じゃだめなんだ」「ずる賢くないと成功はしない」という意味の言葉をよく口にしていました。

Tさんは、兵隊として中国に出征しました。出征場所や所属は定かではありませんが、補充部隊の軍曹だったといいます。補充部隊とは、最前線で戦っている部隊に、後方から武器や食料などを供給する係のようです。第1補充とか第2補充とかといって、いくつもあるそうです。当然、最前線で戦う部隊は、敵と直接戦うのが任務なので、どう考えても危険です。しかし、補充部隊は敵と直接戦うことはなかったそうです。真実がどこにあるかはまったく不明ですが、Tさんの話によると、自分は身体が小さく、虚弱だったために、戦う部隊では役に立たないと判断され、補充部隊に配属になったのだと言います。つまり、運が良かった、と。さらに、毎日死にたくないと考え、けっして無理をせず、危ないと思った場合は、けっして自分から積極的に行動はとらなかったと言います。つまり、誰かを先に行かせ、安全が確認できたら自分が行くという行動をとっていたと。「自分は、まったく勇敢ではなくむしろ、卑怯者、臆病者の日本兵だった」と言っています。だからこそ、自分は生きて日本に帰ってこれたのだと……。ちなみに、彼が出征していた地域の日本兵は、ほぼ全滅しているようです。

戦争から帰ってきた彼は、奥さまの実家の家業である洋品店を手伝い、数十年後には地域で一番の総合スーパーに育て上げました。その後、複数の同業他社との合併や買収を繰り返し、まさに日本を代表する巨大企業の誕生にも深く関わっていた経営者です。

私が話を聞くたびに思っていたこと。それは、自身の懺悔と私たちへのエールです。自分は死にたくない一心で、逃げ回りながら生きのびた。戦場で命を落とした仲間に対し、申し訳ないという気持ちがうかがえます。しかし、人間は生きていてなんぼ、死んだらお終いということも同時に同居しています。だからこそ、どんなことがあっても、生きていろということだと思います。恥をさらそうと、卑怯者だと言われようと、とにかく生きろというTさんからの遺言だと思っています。そして、「運」を味方につけること。いくら努力をしても「運」がない奴は報われない。運がいい奴は、失敗すら好機にしてしまう。「運」を意識して生きろ、ということではないでしょうか。

昔話には武勇伝はいっさい出てきません。そのほとんどは、自分がどれだけ「ずるく」「卑怯で」「情けない」人間だったかの説明です。そんな自分でも、このぐらいのことはやれたんだ、あなたたちにもきっとできるはずだということを、言いたかったのかもわかりません。

要介護3で認知症のTさんの話なので、多くの職員は適当でいい加減な話だと解釈していたのかもわかりません。しかし、私は彼の話が好きでした。ところどころ辻褄の合わない個所もありますが、おおむね話の骨格はぶれていなかったと思います。ベッドに横になりながら、天井を凝視(ぎょうし)して、淡々と昔を振り返り、自分のことを語り始めるTさんからは、想像もつかない若かりし頃の経営者の姿が見え隠れしていたことでした。

エピソード9

すべてを職員に依存している入居者の話

Fさんは90歳の女性です。要介護は「2」でしたが、自立の高齢者です。彼女のご主人は、戦後、兄弟で観光バス会社を興し、次第に事業をタクシー業、ホテル業と拡大、事業で大成功した人物です。数年前に亡くなり、一部の事業は売却しましたが、大部分は長男が経営者として立派に後を継いでいます。

「ここの人たちは、のろまが多いね」。彼女の口癖です。用があってナースコールを押しても、すぐに職員が飛んでこないことに対する文句のようです。長男の解説によると、自宅にいた時は、隣りの居室に住み込みのお手伝いさんが常に控え、呼び鈴を鳴らすと、ふすまをガラリと開けられ、すぐに居室に来てくれたそうです。

「呼んだのに来るまでに何時間かかっているんだい？　昔の人は、呼び鈴を鳴らせば、すぐに来たものだよ」と言われます。当然ですが、われわれもナースコールが鳴れば、ただちに居室に向かいますが、必ずしも、1分や2分で行ける環境ばかりではありません。5分ぐらいは待たせてしまうケースもあります。

職員は、多くの場合、ナースコールが鳴った場合は、持っているPHSで居室に連絡し、要件を伺います。認知症等のために、要件を聞き出すことが難しい場合は、その要件を推察しますが、ほとんどの場合、推察したことが間違っているということはありません。Fさんの場合、当然認知症等ではないため、話をすることは可能ですが、PHSの問いかけにはいっさい応じない方針を貫いています。つまり、介護職員が顔を出さないと許してくれない、ということです。

「お待たせしました」と言って、居室に入ります。

「ずいぶん遅いじゃないか。何分待たせばいいんだい」

「申し訳ありません。ところでどのような御用でしょうか」

「寝ていて汗を掻（か）いたから替えがしたい。手伝って」

「着替えはご自分でできますよね。毎朝、自分だけで着替えているじゃないですか」

「なんだい。ここの職員は薄情だね」

という具合です。このようなことを日に何回も繰り返します。

Fさんについては、家族を含めたカンファレンスの中で、「人に依存しすぎる傾向があるため、自分でできることは自分でやってもらうようにしていくこと。容易に手伝うことはしないこと、さらに、終日居室から出ようとしないので、必ず1回は居室から外に連れ出すこと」を、ケアプランに謳っています。長男が参加するカンファレンスなどでは、「下手に出ると図に乗るので、きっぱりと断わってほしい」と声を荒げることも度々です。

能力的には、まったくの自立です。朝起きると、そそくさとベッドからはい出し、洗面台までスムーズに歩き、顔を洗い、歯を磨きます。その後、着替えをした後、化粧を念入りに行ないます。下地の美容液からはじまり、ファンデーションで仕上げる念の入れようです。もちろん、真っ赤な口紅も忘れません。これは、家族の同意を得て、内緒でこっそり彼女の朝の様子を職員が確認しています。

その後、ベッドに戻り、ここから何もできない人に変わります。「喉が渇いたから水を飲ませてほしい」からはじまり、「歩けないので食事は居室で食べたい」「トイレに連れて行ってほしい」「食事に行くなら車椅子を用意してほしい」などなど。ひどい時には、5分おきにナースコールが鳴り、職員が居室に顔を出すことを求めてきます。「自分でできることは自分でやってください」と言えば「薄情だね」の決まり文句です。さらに、若い男性職員を見つけると、決まって着替えを注文します。新入職の若い男性職員などは、いい〝かも〟です。弱々しい声で、着替えを懇願し、裸になったらタオルで体を乾布摩擦の要領でこすらせるのが一番の楽しみです。

「ここの食事は不味くて食べられたものではないよ」。そう言って、ホームの食事は入居初日から、すべて拒否しています。長男に電話でホームでの食事の惨状を訴え、有名百貨店に入店しているてんぷらや鰻を買ってこさせます。「毎日毎日、これじゃあ、自分は仕事にならない。食べたくなければ食べずに餓死すればいいんだ」と、長男が憤りを介護職員と共有します。

介護職員らも毎日毎日、有名百貨店に食事を買いに行くことはできません。そんなある日、ある職員が「長年、贅沢なものを食べてきた人は、意外としょうもないジャンクフードが好きなのでは？　たしか、有名なセレブも某メーカーのレトルトカレーが大好物で、毎日食べているって何かで見たことがあるわ」と言いました。念のため、長男に確認しましたが、Fさんが自宅でレトルトカレーを食べていたという記憶はないと言います。物は試しに1回挑戦してみようということになり、近くのスーパーでレトルトカレーを買って夕食に出してみることにしました。

結論はと言うと、もうバッチリでした。下膳をしに行った職員を捕まえて「今日のカレーはおいしかったね。どこのカレーだい。こんなおいしいカレーなら毎日食べたいね」と言って上機嫌だったと言います。それから毎日、夕食はカレーです。毎日毎日、朝食や昼食は、一口、二口食べるだけで残すのですが、夕食のカレーだけはなぜか完食します。

数カ月後、ある職員が無意識の中で「違うメーカーのカレーを出したら食べるのだろうか」という禁断の発言をしました。これは、全職員が心の中に持っていた意見ですが、万一、不味いということになり、カレー自体を食べなくなったら、ということを考えた場合、とてもとてもチャレンジする勇気が湧いてくるものではありません。

というわけで、このチャレンジはお蔵入りになり、同一メーカーのレトルトカレーをFさんは食べ続けています。

エピソード10
胃瘻(いろう)で寝たきり、という現実

Sさんは93歳の女性です。「要介護5」で常時寝たきりです。食事も口からは取れず、胃瘻という方法で直接胃袋に穴を開け、管(くだ)を通して栄養を供給しています。そんなSさんですが、5年前はホーム内を手押し車で歩いていたと言います。

「Sさんが寝たきりになったのは介護の責任！」。これは看護師の口癖です。Sさんのケアに入った後は、必ず後悔があるのか、介護主任に向かって責めるように言います。看護師の話を要約すると次のようなことになります。

Sさんは、元来、性格が気難しく、横着な性質の女性でした。何をするにも介護職員に厳しく文句を言い、無理難題を突きつけるので、介護職員も自然と敬遠するようになってしまったといいます。介護職員との距離ができ、接点が少なくなると、用がなければ居室から出てこなくなってしまいました。介護職員のほうも、どこかで居室から出てこないことをこれ幸いと思うようになり、積極的に訪室することもなかったといいます。そして、とうとうSさんはベッド上で生活する時間が長くなり、寝たき

りになってしまったというのです。いわゆる、介護業界で言うところの廃用性症候群というものです。この一連の介護職員の行為を看護師は介護の責任と責めているのでした。

たしかに、介護職員の不手際と言えばそうかもしれません。しかし、80人の入居者を抱えるこのホームで、介護職員は一人のことばかりかまっていられなかったことも事実でしょう。ましてや、何かにつけて文句しか言わないSさんの場合、介護職員も人間です、嫌だなあと思って、Sさんに対し足が遠のくのは無理もないことかもしれません。

横着で我儘（わがまま）な彼女は、寝たきりになってからも、介護職員の助言や指導を受け入れず、何もしなかったために、今では体の節々が拘縮（こうしゅく）して、着替えさえままならない状態まで悪化してしまいました。膝も腕も曲がったままで伸びないので、着替えの度に苦痛で顔がゆがみます。発する言葉は「痛い」「苦しい」の2種類だけで、まるで生きていること自体が苦悩のようです。

そんなSさんに更なる悲劇が加わりました。彼女の子供が1週間前に癌で死亡したというのです。もともと、子供とも上手くいかず、面会に来るのは1年に数回程度でしたが、ここ最近は面会には来ていません。彼女は子供が癌であることは承知していましたが、まさか自分より先に死ぬとは夢にも思っていないはずです。

「誰がSさんにお子さんが亡くなったことを伝えるのか」。介護職員の間で協議が始まりました。「ホーム長の仕事では?」「生活相談員がやるべき」「いやいやSさんと人間関係がある介護主任が言うべきだと」と、なかなかまとまりません。結局、介護主任が代表して子供の死を告げることになりました。

翌日、介護主任が居室を訪問し、お子さんが癌で亡くなったことを伝えました。介護主任の話によると、いつもの通り、黙って目を見開き、天井を見つめていたということです。そして次の瞬間、目からスーッと涙がこぼれ、頬を伝わり首筋に流れていったと言いました。声はいっさい出さずに涙だけが。

その話を聞き、介護職員はSさんの心境を考え、今後の介護方針をあらためて考えることにしました。看護師によると、心臓だけは人並み以上に強いが、その他の身体は限界に来ている。特に、胃瘻で栄養を一日2回流しているが、医師と相談して1回に減らしていく方向だと言います。栄養を体に回す能力もないそうです。今でこそ、ターミナルとか看取り（みと）とかということが当たり前になっている介護現場ですが、当時はターミナルとか看取りという言葉が、まだまだ一般的ではなく、人生の最期に向かってどうしようかということは職員も慣れていませんでした。

寝たきりで、口を真一文字に噤（つぐ）み、目を見開き、天井を睨みつけながら、介護を受けているSさん。笑った顔を見た者がいないSさん。「痛い」「苦しい」「死にたい」しか言わないSさん。多くの職員は「あれでは、生きているのも辛いだろうね」「本当は、早く死にたいんじゃないかなぁ」「でも、自殺さえできない身体だからね」などと思っていたはずです。

老人ホームの場合、どうしても、多くの入居者に対し、限られた介護職員で対応し、介護職員の業務は、介護保険制度に基づき事務作業も煩雑（はんざつ）で多様です。したがって、すべてのことに対し、個別に丁寧に対応するということは難しいのが実態です。けっして、好ましいことではありませんが、そのような状況下で生活をしていかなければならないということを入居者は理解し、立ち回りを考えなければならないのが現実でもあります。

エピソード11 夫婦で入居している元キャリア官僚

Kさんは、元キャリア官僚の男性です。認知症ではありませんが、都合が悪くなると認知症のふりをして誤魔化そうとします。とにかく、わがままで、自分勝手、何でも自分が一番でないと大騒ぎをするホームの問題児です。

実は、奥さまも入居していますが、こちらは、真逆で、おしとやかなお嬢様タイプの女性です。しかも、奥さまのほうが、見た目とは裏腹に、重度の認知症です。Kさんの強い希望で、奥さまと二人でホームに入居していますが、ご子息から、同じ居室で生活をさせると、お母さんが酷く虐められるので、居室だけではなく居住階も別々にしてほしいという要望を受け、Kさんは4階の居室へ、奥様は2階の居室へと別々に入居しています。

ご子息の話によると、若い頃から、Kさんは厳格な仕事の鬼だったと言います。特に、自己中心的な性格で、口うるさく、自分の気に入らない事には断固反対、家庭内でもこの方針は変わらず、学生の頃は、自宅に彼がいるというだけで憂鬱になったことを覚えていると言います。お母さんはというと、そこまでしなくてもというぐらい、夫に対して献身的で、徹底的に身の周りの世話を焼いていたようです。それはそれは、傍（はた）から見ていても、そこまで気を使う必要があるのかというほどだったと言います。仕事が上手くいかない時などに深酒をすると、決まって奥さんに八つ当たりをし、手を出すことも度々あったそうです。見るに見かねて窘（なだ）めようとすると、お母さんから、「お父さんに逆らってはダメです。お父さんは、日本国のために重要な仕事をしているんですよ」と、逆に諭（さと）されたと言います。

話は続きます。ホームとご子息との協議の中で、せめて食事の時ぐらいは一緒に、という取り決めを行ない、食事の時間になるとKさんが2階の奥さまの利用している食堂まで来て一緒のテーブルで食べることになっています。

しかし、周囲の配慮もむなしく、奥さまはまったくつれない対応しかしません。食事の時間になると、4階からエレベーターを使い、車椅子に乗ったKさんが食堂に来ます。大きな声で奥さまの名前を呼びます。しかし、奥さまはまったく関知せず、いっさい無視です。一所懸命、何度も何度も大声で奥さまの名前を叫んでいるご主人を確認すると「ねえねえ、あそこで騒いでいる人を見てみて。頭がきっと狂っているのね」と隣りに座っている入居者に話し掛けます。隣りの入居者は、騒いでいる人が、当のご主人であることを知っているので、回答に窮（きゅう）するありさまです。

職員に導かれて奥さまの前の席に座り食事をするのですが、その食べ方が、汚いこと汚いこと、すべてのおかずをKさん特製のおかゆが入っているどんぶりの中に放り込み、スプーンで一気に口に流し込みます。口の周りは当然のこと、洋服やテーブルにも食べ残しが飛び散るので隣りに座っている人は閉口します。目の前に座っている奥さまは、その光景を見て「あなた、ちょっと、もう少し綺麗に食べることはできないの？ 周りの人が不愉快になりますよ」と叱責しますが、嬉しそうに「今日も素敵ですね」と笑顔で答えます。しかし、奥さまは本気で嫌悪感を示し、「私には主人がいるんです。2年前に亡くなりましたが……。失礼なことを言うと承知しませんよ」と取り付くシマもありません。

食事のチャレンジをして1週間もたたないうちに、周囲で食事をしている入居者から、同じテーブルで食事をしたくない、という抗議を受け、やむなく、奥さまと同じテーブルで食事をすることは断念しました。しかし、その後も、同じ食堂で食事を共にするのですが、彼の呼びかけに、奥さまはいっさい反応することはなく、無視を続けています。

重度な認知症の奥さまは、当然わざとやっているわけではありません。本当にご主人のことを認知することができないのです。ご主人は、認知症のふりをしているだけなので、当然、奥さまの病状は理解できています。しかし、奥さまが認知症だということを認めてはいず、諦めようとはしませんでした。毎月1回、ホームを訪れるご子息の評価によると、お母さんは、若い頃に、懸命にKさんを支えてきたが、それは、すべて自分たち子どものことを考えての行動だったといいます。そのお陰で、今は子供たちも安定した生活を送ることができているのです。

しかし、その限界を超えた気苦労が原因で認知症を発症し、今では介護職員からの支援を受けなければ生活もままならない状態です。父はというと、身体こそ年相応の衰えが来ているものの、頭ははっきりしているので老人ホームで気ままな生活をしています。母親が父を死んだと思っていることは、認知症が原因だとは思いますが、どこかで、昔の仇（かたき）を取るために死んだことにし、父の呪縛から逃げたいのではないかと思う時もあるようです。

１カ月後、ご子息から、Kさんとお母さんを完全に引き離してほしいという要望をもらいました。ホーム内で顔を合わすことはもうないでしょう。４階の職員にKさんの様子を確認すると、４階でも入居者に嫌われ、今では、完全に一人で食事を摂っていると言います。元キャリア官僚のKさん。間違いなく、一時期の日本の行政を担（にな）ってきた人物ですが、晩年は寂しいものになってしまいました。

エピソード12
元エリート官僚と貧しい板金屋と、どちらの人生が幸せなのか

Jさんは元官僚。何でも昔の内務省に入ったということで、近所でも有名なエリートだったそうです。90歳を過ぎた頃から認知症を発症しました。次第に奇行（きこう）が目立ち

始め、とうとう警察のお世話になることも。近所の人たちからも後ろ指を指されることも多くなり、奥さまの判断で老人ホームに入居してきました。

奥さまは87歳。一言聞けばそれとわかる東北地方独特の話し方をする穏やかな女性です。毎週1回決まって水曜日に着物を着てご主人に会いに来ます。ご主人の今後のホーム内でのケアの方針を決める会議で、奥さまから現状を聞く機会がありました。

独特の東北弁で奥さまは今までの人生を振り返ります。二人の出会いは、ご主人が青森県に赴任してきたことによります。奥さまは料亭の給仕係をしていたそうです。ご主人は一目で奥さまのことを気に入り、結婚したと言います。子供は二人、男の子です。長男は東京藝術大学の大学院を卒業後ドイツに渡り、有名なオーケストラの楽団員として活躍、今ではドイツでも有名な音楽大学で後進の指導をしているそうです。次男は東京大学を卒業後、アメリカに本社を構える世界的にも有名な金融会社に就職、今ではアジア地区の責任者になり、香港(ホンコン)に住んでいるそうです。

つまり、子供たちは絵に描いたようなエリートです。奥さまの話によると、二人は幼少の頃から勉強がとにかく良くできて、近所でも有名だったと言います。長男の同級生にO君という板金屋さんの子供がいました。彼は子供の頃からいわゆる「札付きの悪」。近所の鼻つまみ者です。多くの親が自分の子供に「あの子と付き合ってはダメ」と言われるありさまです。

奥さまが買い物などで近所の人に会うと、必ず「お子さんは優秀でいいですね」とか「どうすれば、こんなに優秀な坊ちゃんになれるのですか」と聞かれ、正直、満更でもなく、自慢の子供たちだったそうです。そして、決まって皆は「それに比べるとO君はダメね。昨日警察に補導されたそうですよ。オートバイを盗んで無免許で乗り回していたんですって」などと誹謗中傷を言われるありさまです。

しかし、今は……。二人の子供たちは、親のことなどいっこうにお構いなし。ドイツにいる長男とは10年以上音信不通です。以前、お父さんのことを相談しようと香港にいる次男に電話をしたところ、「不動産でも何でも売り払って、二人で老人ホームの世話になればいいじゃないか。そんなくだらないことで、いちいち電話をしてこられると迷惑。今度電話してくる時は親父が死んだ時にしてくれ」とまったくつれない返事だったと言います。

いつも、駅から自宅への帰り道、決まって小さな3階建てのO君の家の前を通ります。猫の額ほどの小さな敷地に粗末な家が建っています。O君はこの家で今もまだ元気な両親と奥さま、そして3人の子供と大家族で暮らしています。お父さんから引き継いだ板金屋さんの立派な社長さんになっています。見たところ、けっして裕福とは思えませんが、家じゅうから家族の怒鳴(どな)り声や笑い声が毎日聞こえてきます。

いったいどちらの人生が幸せだったのだろうか。昔は、自分のことを「何て幸せな人生を送っているのだろうか」と真剣に考えたこともありましたが、今では寂しい人生だったとしか、奥さまには思えません。

「『おばちゃん、最近おじちゃんを見ないけど具合でも悪いの』と、O君は私を見ると必ず声を掛けてくれます。うれしいのか情けないのかわからない涙を必死にこらえて『主人は今、老人ホームに入っているのよ』と答えるのが精一杯です。一流大学を出て一流の仕事について、経済的にも恵まれている自分の子供と、高校も途中で投げ出し、鑑別所にも何回も入れられた元悪ガキの板金職人。今となっては、自分たちは子供の育て方を間違えたという結論にしか至りません。子供や孫たちと共に寄り添い合って相手に依存しながら、相手のことを考えて暮らしているOさんの家。本当に羨ましいと今は思っています」

エピソード13 理由があって兄夫婦の面会を禁止する妹夫婦

かなり昔の話です。Zさんは80歳の男性。介護業界では「自立」と呼ばれる高齢者です。ちなみに「自立」とは、おおむね生活のすべてを自分だけでやれる人のことを言います。つまり、社会の中で普通に生活ができる高齢者のことです。

そんな彼は、老人ホームの中でも特に注意が必要な重度の認知症高齢者を受け入れる隔離フロアに入居していました。隔離フロアとは、ホーム内の一部のフロアを他のフロアと遮断し、入居者が自由に出入りをできないようにしたフロアのことです。今では採用している老人ホームは少なくなりましたが、私が介護職員だった頃は、多くの老人ホームに、趣向を凝らした自慢の隔離フロアが存在していたものです。

なぜ、自立のZさんが隔離フロアに入居しているかというと、長女夫婦の強い希望があったからです。長女夫婦から相談を受けたホームの生活相談員がその話に同情したのです。

その話の内容とは、以下のようなものでした。高齢の父に対し、ある飲食店の女性経営者が色気仕掛けで近づき、上手(うま)いことを言って父の財産をむしり取ろうとしている。父は都内で親の残した複数のビルを所有し、数億円の現金と数十億円の不動産を持っています。父は、もともとコミュニケーション能力に劣っているところがあり、騙されやすい性格。放っておくと一文無しになってしまうので何とか助けてほしい。自分が引き取って面倒を見られればいいのだが、嫁に行った身分で、旦那の親の面倒を見なければならない——というものでした。

この話を聞き、長女に同情したホームの生活相談員がホームをシェルターとして利用することを勧めたのです。飲食店の経営者が手を替え品を替え、ホームにも押しかけて父に実印などを押させたらどうしよう、という心配に対し、隔離フロアの話をし、そこなら安全ということで入居が決まったといいます。

それからZさんの認知症隔離フロアでの生活が始まりました。長女の言う通り、他の自立の高齢者と比べると、少し奇妙な行動をとることがあり、完全な自立の高齢者ではありませんでした。身体機能にはまったく問題はありませんでしたが、人より知能が少し劣っている、そんなふうに見える高齢者でした。当初、生活相談員から詳しい話を聞いている介護職員は、Zさんと長女に同情的で、飲食店の経営者はなんてひどい悪人なんだと思っていました。

ある日、ホームにZさんの長男と名乗る一組の夫婦が訪ねてきました。このホームにZという老人が入居しているはずなので会わせてほしい、と。自分は長男だと言います。生活相談員が、すぐに長女に連絡をとると、絶対に会わせないでほしいという返事が返ってきました。その日は、押し問答の末、帰ってもらいましたが、長男は「監禁している。これは犯罪だ。訴えてやる」という捨てゼリフを残していきました。ホームの生活相談員がそのことを長女に伝えると、長女からは「とにかく、兄夫婦には絶対に会わせないでほしい」の一点張りで、しかとした説明はありません。その後、数カ月間にわたり、何度も長男がホームを訪れますが、そのたびに生活相談員と玄関先で口論となり、会わず終いで帰っていきました。

結局、この話の結末はというと、次のとおりでした。Zさんの長女は実の子供でしたが、長男はZさんの兄弟の子供で、養子になっています。そして、この兄弟は子供の頃から仲が悪く、いがみ合っていたそうでした。Zさんはというと、若い頃から定職にはつかず、親から譲り受けた莫大な財産を食いつぶしながら生活をしてきた、これまた絵に描いたような自由人。好き勝手なことをやりながら、金がなくなると不動産を売り、そのお金で生活をしていくというパターンでした。当然、そのような素行に目をつけ、不動産会社、建設会社、証券会社などの営業マンが日参し、土地や株を買わされ、損が出れば持っている不動産を売らされ、という生活だったと言います。

晩年、長女は「このまま放置していては、Zさんの財産が底をつき、死んだ時に相続財産がないなんてことが起こりうる。特に、兄の嫁さんは長年水商売をやっているから、海千山千だ。色気仕掛けでZを騙すなんてことは朝飯前」と考えました。そこで思いついたのが、Zさんを老人ホームに死ぬまで隔離し、兄や他のハイエナから守るという方法だったのです。

ホームの生活相談員は、この事実を知り、Zさんに本意を確認したところ、自宅に帰りたいということだったので、長女と自宅に帰すことを何度も協議しましたが、長女は「最後まで父を守ってほしい、ホームが最後まで父の面倒を見ると約束をした」と言って、契約解除にどうしても同意をしません。行政にも報告し、老人ホームがこのような使い方をされていると訴えても、民民の契約で成立している以上、介入するのは難しいという回答が返ってきました。

長女とのすったもんだの末、生活相談員の粘り強い交渉もあって、Zさんは1年6カ月間のホームでの隔離生活にピリオドを打ち、自宅に帰って行きました。その1年後、Zさんはあっけなく亡くなってしまい、残された財産をめぐり、兄弟間で壮絶な遺産争いが起きていると言います。

エピソード14

毎日、必ず10分の面会。会社社長の後悔と決意

Yさんは80歳の要介護5の女性。常時寝たきりで、食事が摂れないため、胃瘻(いろう)で命を繋(つな)いでいます。毎朝6時30分、決まって定期的に訪問する人がいました。Yさんの

長男です。長男は誰もが知る有名企業の社長。毎日、会社へ出勤する前にホームに立ち寄り、Yさんの様子を見るのが日課でした。ホームに滞在する時間はおおむね10分程度。ベッドに横になっているYさんの足や手、背中を無言でさすります。

Yさんは、時折、苦しそうに口を捻じ曲げる以外は、目をつぶっています。10分程度の滞在を終えると、長男は足早に廊下を歩き、玄関に向かいます。ホームに対し要望や伝言がある場合は、歩きながら介護職員を見つけて用件だけ言うのが、日常です。険しい顔つきですが、けっして不機嫌なわけではありません。もともと険しい顔つきなのです。その後、ホームの前に待たせている運転手付きの高級車に乗り込み、会社に向かいます。

毎年、Yさんの長男の会社では、さまざまなイベントに協賛をしています。特に、Yさんが好きだったクラッシック音楽には思いが強く、多くの音楽家の卵に対し、多額の支援と成果を披露する場を提供していました。いつものように、ホームを訪れた長男が帰り際に、介護職員を捕まえて「よかったら入居者を誘ってきてください」と言って、コンサートのチケットを渡してくれました。そのコンサートは、海外の有名ピアニストのソロコンサートです。都内でも有名なホールで上演されます。Yさんは身体の状態を考えた場合、参加はとうていできません。当然、そのことは長男も百も承知です。

当日、希望のある入居者8名と3名の介護職員合計11名でホームのマイクロバスでコンサートに向かいます。車中でYさんの長男の経営している会社の説明を行ない、コンサートを行なうピアニストの曲をCDで聴きながら会場に向かいます。長男の計らいで、2階席の一番見やすいところを用意してくれました。トイレに一番近いところです。コンサートは90分程度続き、感動の中で終わりました。

帰り際、長男から「時間があるようでしたらお茶でも飲んでいきませんか」と誘われ、行きつけの喫茶店に全員で行きました。長男からあらためて、母親が世話になっていることに対する謝意が述べられ、入居者との歓談が始まります。たとえ、相手が有名会社の社長であっても、たくましい老人ホームの入居者らはまったく気後れしません。自分の子供と同じ扱いで、ずけずけと話をしていきます。話をしていると、入居者二人の長男が同じ大学の先輩後輩にあたることが判明します。

次第に打ち解けた長男に、介護職員が素朴な質問をします。

「なぜ、毎日、土日も変わらずYさんに面会に来るのですか?」。すると長男は次のような話を始めました。

「早くに父を亡くし、母一人子一人の生活でした。母は私立高校の教師をしながら、私を大学院まで出してくれました。大学院卒業後、大手建設会社で主に設計の仕事をしていましたが、ある仕事が転機になり、今の設計会社に移籍しました。今の私があるのは、すべて母のお陰。母の献身的な努力の上に私がいるのです。わたしも懸命に働き、やっと母に楽をさせられるようになった矢先に、母は病に倒れ、何年も寝たきりの生活をしています。私は母に何もしてあげることができませんでした。そして、今もこれからも、何もしてあげることができない。今は、経済的に多少の余裕ができましたが、寝たきりの母は、おいしいものを食べるわけでも、綺麗な洋服を着れるわけでも、広い家に住めるわけでもありません。何もいらない生活なのです。だからせめてもの私の罪滅ぼしです。毎日母の顔を見に行くと、自分と約束をしたのです。そして母にしてあげられなかったことを、他の入居者の皆さんにしてあげることで私は満足しているのです」

次の日も、Yさんの長男はいつもの時間にホームに来ると10分程度の滞在で会社に向かいます。多くの介護職員は、長男がホームに来る日がいつまでも続くように祈るばかりでした。

エピソード15 認知症は出て行け！ 自立の入居者は叫んだ

Oさんは85歳の男性です。電気工事会社の元経営者でした。要支援1の認定を受けていますが、「自立」の高齢者です。なぜ要支援の認定を持っているかというと、過去の脳出血の後遺症で右半身に多少ではありますが麻痺（まひ）が残り、歩行時には杖（つえ）を使って歩く必要があるからです。つまり、彼の歩行時には〝見守り〟という介護支援を行なう必要があります。

さらに、元会社経営者であるOさんは、持ち前のリーダーシップを発揮し、自立入居者のまとめ役でもあります。彼の周りには、いつも決まって男性二人、女性三人の自立入居者の取り巻きがいます。暇さえあれば、食堂やホール、さらにはOさんの居室で、一日に何度も談笑をしています。特に、ホームに対し要望などがある場合は、いつも彼が五人を代表して申し出にきます。

ホーム内でOさんの嫌いなものは何か。それは、認知症で訳のわからないことばかり言っている入居者です。彼はこの認知症入居者を目の敵にしています。特に誰ということではなく、認知症入居者全員が嫌いということです。

ある日の昼食時、いつものように食堂で食事をしていると、認知症入居者Bさんが、いつものように訳のわからないことを言いながら職員の手を煩わせていました。「早く帰りたいよ！」「食べていいの？」「私も食べていいの。じゃあ食べよう」「お願いします」などなど。まさに支離滅裂です。

その時です。Oさんは手に持っていたコップの水をBさんに掛けてしまいました「うるさい。黙れ、ババア。ここから出ていけ」。そう言うと、隣りの人のコップも手に取ります。たまらず介護職員が間に入り、コップを取り上げます。Bさんは、頭から水をかぶり、ずぶぬれですが、相変わらず訳のわからないことを言っています。介護職員がＢさんの車椅子を移動させ、Ｏさんから距離の離れたところまで誘導します。

　Ｏさんは、しばらく仁王立ちをしていましたが、介護職員が促し、とりあえず席に座らせます。いつもの五人組も、この行為には少し引き気味です。同じく自立の入居者が、Ｏさんに対し「なんて大人げない人なの。かわいそうに。彼女だって、好きで認知症になったわけではないでしょ。そのぐらいわからないの？」と叱責しています。Ｏさんのこの行動で、せっかくの昼食が台無しです。

　昼食後、ホーム長による事情聴取が行なわれました。Ｏさんは、自分の取った軽はずみな行動に対し、反省をしています。しかし、ホームに対し、ひどい認知症の入居者と一緒には生活をしたくないという要望も出しました。しかし、ホームからの回答は、「要望には応えることができない」というものでした。

　多くの老人ホームでは、認知症の入居者と自立の入居者とが混在しています。

　余談ですが、介護付き有料老人ホームの場合、制度上、介護専用型と混在型とがあり、介護専用型とは要介護認定を受けている高齢者以外の入居はできません。混在型の場合は、自立の高齢者と要介護認定を受けた高齢者が混在することは可能です。つまり、重症な高齢者は専用型へ、そうでない高齢者は混在型へという区分が、何となくあるということです。さらに、同じホーム内でも2階は認知症専用フロア、3階は自立専用フロアとフロア分けをして、入居者を区分をしているホームもたくさんあります。

しかし、現実的には、入居者である高齢者は、日に日に悪くなっていくため、当初は棲み分けができていても、徐々に入居者の状態が悪くなり、やがて自立フロアが認知症高齢者で溢れかえってしまうということを避けることができません。つまり、どのような区分をしても、やがては自立と要介護は混在してしまうということになります。

老人ホームに入居している高齢者の中には、認知症や胃瘻、全介助で寝たきりの入居者を近くで見ることにより、「明日はわが身」と、あらためて自身の老いに対し備えようとする人も多くいます。しかしそれと同じくらい、そのような醜態や惨めな姿を見たくないという感覚を持っている高齢者も存在します。Oさんの場合も、数年後に自分がこのような認知症を発症してしまうのではないかという恐怖心が芽生え、心の動揺が「水掛け」として表われてしまいました。自分が彼女のようになっていくことを考えたくないOさんが衝動的に水を掛けてBさんの存在自体を消そうとしたのではないでしょうか。

その日の夕食事、Oさんは、Bさんのところまできて謝罪をしました。右手を出して握手を求め、Bさんは何もわからないまま右手を出しました。「おばあちゃん。すまなかったね」とOさんが言うと、「どうしたの？　私は食事をしていいんでしょ」とまったく状況を理解することができずにいるBさんでした。

エピソード16

99歳の誇り高き元学生活動家

Rさんは99歳の女性です。一生涯独身を貫き、主に女性の地位の向上に身を捧げてきた人です。彼女の居室には、今となっては歴史上の人物になっているような著名人と一緒に取った写真や共著の本が無造作に置いてあります。Rさんは知能は高いと思うのですが、片づけは苦手なようで、居室内は足の踏み場もないありさまです。多くの介護職員が、いつか本に躓(つまず)いて転倒するのでは？　と心配しますが、彼女が職員に居室の片づけなどさせる訳がありません。

学生時代はいわゆる活動家としてならし、長年、大学教授として学生の指導に従事してきました。耳が遠いことを除けば、99歳とは思えないほどしっかりしています。

介護職員の多くは、正直Rさんのことが苦手です。なぜなら、彼女は間違っていることが大嫌い、ミスも失敗も大嫌いな完璧主義者だからです。自分のことは自分でやる、そして、人の世話にはならないし、人の世話もしない、という信念を持っています。そんな人が何で老人ホーム？　と思う読者もいると思いますが、Rさんを尊敬している教え子らから「先生、年齢も年齢なので、いつ何があってもおかしくない。心配が募(つの)るので、私たちのことを考えてくれるなら老人ホームに入居してほしい」と言われ、決断をしました。

彼女は一日の大半を自室で本を読んで過ごします。自室の壁という壁には本棚が所狭しと並んでおり、難しい本が入りきれないほど詰まっています。誰かが、神田神保町に林立している古本屋さんのよう、と言っていましたが、まさにそんな感じです。マルクスの○○とか、レーニンの○○といった本が並びます。そしてその難しい本を毎日自室で読みふけっているので、介護職員からすると近づきがたい雰囲気がありました。

そんなRさんですが、強靱(きょうじん)な精神力も、寄る年波にはかないません。ある日のこと、介護職員が「Rさんの居室、最近少し臭(くさ)いのよね。今までは本屋さんの臭いしかしなかったのに、最近は尿臭がするのよ」と報告します。年齢を考えると排泄に障害が起きても不思議ではありません。しかし、相手はRさんです。もし、本当に排泄に障害があるのであれば、介護に入らなければなりません。しかし、Rさんの性質からして介護を素直に受け入れるとは思えません。

誰が彼女に排泄のことを聞くのか？ ということで職員会議が開催されます。代表して介護主任がRさんの居室に向かいましたが、あっという間に戻ってきました。結果は撃沈(げきちん)です。介護主任曰(いわ)く、尿臭がするので失禁していることは間違いない。しかし、本人に話をしても「大丈夫。自分には介護職員からの支援は不要である」の一点張りで取り付く島もないと言います。どうしようか……。介護とは本当に難しいもので、依存度が高く何でも職員に依存してくる入居者にも閉口しますが、逆に、職員の手助けを拒否する入居者の扱いにも苦慮するものです。

日に日にRさんの状態は悪化の一途をたどります。そのうち、見るからにズボンが濡れているのがわかるようになりました。しかし、介護職員からの手助けを拒否し続けます。それでも、昔の介護職員は職人気質の強い者も多く、手を替え品を替え、介助に挑みます。努力の甲斐あって、奇跡的に介助を許され、着替えまでお世話ができる者も出現するのです。

次は、Rさんには、今使用している布パンツから紙製のリハビリパンツに変更してもらうという難題が待っています。尿意がなく、常時失禁してしまうRさん、おまけに職員からの介護支援は原則NGでは、リハビリパンツを使用してもらうことがベターであるということが職員会議での決議事項です。攻防が続いているある日、Rさんが夜中に居室で転び、骨折をしてしまいました。夜間、救急車にて病院に搬送され、翌日は本人の要望もあり、手術を行ないました。

1カ月後、車椅子になって退院をしてきたRさん。医師の話によると、今までのように自由に歩くことはできないだろうと言います。さらに、1カ月間の入院生活で、認知症状が発症し、今までの矍鑠（かくしゃく）としたプライドの高いRさんとは、まるで別人のようになっています。

拒否をし続けてきた職員による介護を、素直に受けるようになりました。8月のある日のこと、急に活動家のような顔つきに戻って職員を困らせる事件を起こします。なんでも、広島県で開催される原水爆禁止のイベントに参加すると言い出したのです。真夏の中、何キロも行進をするイベントのようで、自分もその行進に車椅子でも参加したい、と言います。当然、主治医からの返事は自殺行為、承服することができない、というものでした。結局、教え子らが必死に説得し、最後はRさんが折れたようでした。居室からは「先生には、もっと長生きをして指導をしてほしい」と教え子らの悲壮感ある涙声が漏れてきます。

結局、彼女はその年の暮れに密（ひそ）かに亡くなりました。居室の中で、多くの愛読書や資料の中に埋もれて亡くなっていたのを介護職員が発見しました。手元には、さっきまで読んでいたのであろうレーニンの本の76ページが開いてあったそうです。

エピソード17

ご先祖さまは有名な歴史上の人物。元裁判官の話

Iさんは96歳の男性、要介護1の認定を受けていますが、ホーム内での扱いは自立です。奥さまと入居しています。ちなみに、奥さまは、軽度の精神疾患を患(わずら)っていますが、いたって健康、毎日外出をしてアクティブに過ごしています。実は、Iさんの先祖は、日本の歴史に出てくる著名人です。誰もが学校の日本史の時間に一度は目にする歴史上の人物。

Iさんは、元裁判官です。正確に言うと、裁判所を退官し、公証人としてしばらく働き、最後は弁護士になったそうです。とにかく無口で、誰も話し声を聞いたことがないのでは？ と思うほど、言葉を発しません。奥さまによると、昔から必要最低限のことしか話さなかった人なので気にしなくていい、その分自分がおしゃべりだからと言って笑っています。

そんなIさんですが、困ったことが一つあります。それは、ハンストを定期的に実施することです。1週間にわたり食事を拒絶し、修行僧のような生活に入ります。奥さまによると、若い時から、定期的に断食をすることが健康法だったと言い、心配する気配もありません。しかし、高齢ということもあり、さらに、ホームの看護師の見解では、単なる自主的な断食ではなく、認知症状に起因する一つの症状ではないか？と疑っています。主治医に確認しても、いつも1週間程度で終わるのだから、心配する必要はない、水分補給だけ気にかけておけば良いのでは？と言って取り合ってくれません。

そんなある日、いつものように食事の拒否が始まります。奥さまに報告すると、「そろそろ始まると思っていたのよ」と言って、いつもの調子でデパートに買い物に出かけていきます。断食が始まり4日が経ったとき、奥さまが血相を変えて看護師のところに来ました。「主人がベットから起きてこないのよ」と。看護師が駆けつけるとTさんは仰向けにベッドに寝ています。目を閉じて微動だにしません。看護師が呼びかけると、うっすらと目を開け、看護師を確認するとまた目を閉じてしまいます。

いつもは楽天的な奥さまが、何かいつもと違う異変を感じ取ったのか、看護師に「何とかしてください」と懇願しています。

血圧を測ると少し低いようです。先生に連絡をとって指示を仰ぎます、と言って居室を出ていきます。しばらくして看護師が点滴セットを引きずりながら居室に入ってきました。奥さまに対し「医師より点滴指示があったので点滴を始めます」と説明します。

ここからが大変です。Iさんは、突然ベッドから起き上がり、点滴をやらせまいと抵抗します。看護師との押し問答が続きます。とはいえ、Iさんはしゃべりません。体だけで抵抗しています。奥さまが「お願いだから看護師さんの言うことを聞いてください」と懇願しますが、抵抗は止みません。ことの次第を聞きつけた他の看護師が加勢に入ります。その日は、運よく大学病院の救命救急で長年働いていた看護師も出勤していました。彼女は抵抗するIさんに対し、まったくお構いなしと言った具合で、力ずくで、ねじ伏せてしまいます。手早く針を手首に留置し、点滴を開始、Iさんに対し「子供じゃないんだから手を焼かせない」と、お説教が始まります。人の命を助けるためには、多少手荒なこともいとわない、救命救急の看護師は、やはり肝が据わっています。遠慮というものがないようです。

この日は、観念したのか、大人しく点滴をさせましたが、食事拒否は継続していきます。いつもは、終わるはずの食事拒否が今回は終わる兆しが見えません。医師の指示でそのたびに点滴をすることになるのですが、大騒ぎで何時間もかかります。点滴をしている3時間程度は誰かがそばにいないと、自分で勝手に点滴を取ってしまいます。

奥さまも、今度ばかりは、ただならぬ異常を察したのか、外出をやめ、Iさんが好きな食べ物を買ってきます。若い頃から好きだった○○の羊羹ならとか、○○のカステラならとか、昔を思い出して買ってきますが、Iさんはいっこうに見向きもしません。たまりかねた奥さまは、会社経営をしている長男に連絡を取り、長男からIさんを説得してもらおうと試みます。しかし、長男が何を言おうと食事を摂ろうとはしません。帰り際に、長男は「老人ホームはプロなんだから上手く食べさせてください」と捨てゼリフを残し、帰って行ってしまいました。

ホームとしてもお手上げです。奥さまも長男もホーム任せで、責任はすべてホーム側にあると、こちらに矛先が向かうような気配です。しかし、ホームとしても、本人が自分の明確な意思で食事を拒絶している以上、そうそう無理やり食べさせることはできません。ましてや、点滴などの医療行為も本人から拒絶されるので、できたりできなかったりです。

こんな膠着状態が10日間程度続いたのち、Iさんが看護師に次のような話をしたそうです。「このまま静かに死なせてほしい。これ以上生きていても仕方がない。早く、皆のところに行きたい」と。詳しく話を聞いてみると次のようなものでした。Iさんは今の東京大学を卒業後、太平洋戦争に将校として出征しています。主に中国を転戦し多くの部下を失ったそうです。さらに、シベリアでの抑留も経験、まさに九死に一生を得た人生でした。今でも、戦争当時のことは脳裏にこびりつき、けっして忘れることはできません。というよりも、年々、当時のことは鮮明になっていき、多くの仲間から「早く来いよ」と誘われます。

看護師の話を聞いた奥さまは、長い間、自分が生き残ったことに対し、苦しんでいたことを知りました。戦争は生き残った人にも、多くの精神的負担を与える悲惨なものなのです。

私は介護現場で看護師からこの話を聞きました。聞いてすぐ思い浮かんだことがあります。それは、昔、東北地方で行なわれていた即身仏の話です。お坊さんが、村に起こる災い、日照りや水不足などの天災から村を守るために、生きたまま棺桶に入り、飲まず食わずでやがて命が尽きてミイラになる。このミイラのことを即身仏として丁寧に祭るという風習です。

Iさんは、戦争で死んでいった多くの部下や仲間のことを、きっと毎日考えていたことでしょう。そして自分が生かされたことに対し、感謝もしていたと思います。幸運だったと喜んだこともあるのだと思います。しかし、高齢になった今、生きていることに対し、申し訳ない気持ちが大きくなってきたのではないでしょうか。そして、このような過ちを二度と繰り返してはならないと真剣に思っていたからこそ、このような考え方に至ったのではないでしょうか。

結局、Iさんは、1年程度、ホーム内で絶食と点滴を繰り返しながら徐々に体が弱っていき、最後はしばらく寝たきりになり、静かに眠るように死んでいきました。

エピソード18

ロックンロールとリハビリが生きがい

Hさんは、76歳の女性で要介護3です。2度の転倒骨折で、車椅子生活を余儀なくされています。彼女によると、ここに来る前に入居していたホームで、1回は自室で転倒し骨折、急変時に病院に搬送中に救急隊の担架から転落して同じところをもう一度骨折したそうです。そして、車椅子生活になってしまったと言います。

Hさんのサマリ(前のホームからの紹介状のようなもの)によると、車椅子生活になった原因の一つに、彼女の性格があると記載されていました。めんどくさがり屋で、ずぼらのHさんは、医師による歩行訓練をさぼり、楽だからと言って居室で寝てばかりいて、結果として、歩けなくなってしまったと言います。さらに、このめんどくさがり屋の性格が原因で、3度の食事も食堂では摂らず、自室で食べていました。

毎日、ほとんどを自室から1歩も出ないで暮らすスタイルなので、廃用性症候群には要注意との内容のことが記載されています。現代ふうに一言で言うと「引きこもり」ということになります。

そんなＨさんが、ホームに転居してきました。自家製の杖フォルダーを車椅子の背面に装着し、これまた特別仕様の杖が刺さっています。さらに、前面にも可動式の大きなテーブルが完備されており、簡単な食事ならこのテーブルで対応できるため、車椅子から降りるという行為が不要です。さらに、われわれを驚かしたのは、車椅子にＣＤデッキが装備されていることです。付き添いの介護職員によると、車の中などでこのＣＤデッキを使って音楽を聴いているということでした。表現は適切ではありませんが、まるで暴走族が使用する改造車のような仕様です。

彼女は、カスタマイズされた特別仕様の車椅子を自在に操ります。76歳と老人ホームの入居者の中では、比較的若いので、顔の色つやも他の入居者よりも生き生きしています。われわれとの挨拶もそこそこに、自室に入ってしまいました。自室に入ると、すぐにベットに横になり、車椅子に装着しているＣＤをかけます。いきなり、お気に入りのロックンロールが大音量で流れ始めます。

介護職員が「食事の時間なので、食堂に行きましょう」と誘っても「身体の調子が悪いのよ。この動かない足がちょっとね」と言って、足を見せながら、足が痛いと訴えます。「それでは、看護師に見てもらいましょう」と言って介護職員が看護師を呼びに行きます。看護師に言わせると、痛いはずはないんだけれども、本人が痛いと言っている以上、仕方がないわね」と言って、看護師の指示で居室配膳に変更です。前のホームからもらったサマリに書いてある通りです。

ホーム内でカンファレンスが始まります。とにかく、居室に籠(こも)りがちになるHさんを外に出さなければならない。しかし、さまざまな理由をつけて拒絶する彼女に対し、どうすれば外に出てもらえるかを検討します。

ある介護職員から次のような提案がありました。Hさんは居室内では多弁で、いろいろな話をされます。その話によると、若くて男臭い人が好きだと言っていました。以前働いていたホームでも、Hさんと同じような入居者がいたが、その入居者は、好みの男性から言われると素直に従っていたと言います。

次の日から、ホーム内の若手男性職員が集められました。なるべく男臭い人、武骨な人を選んで対面させます。すると、4人目の男性職員に対するHさんの対応が明らかに変わったことに気がつきました。どうやら自分の好みの男性だったようです。それから、その男性職員が出勤している時は、男性職員が食事誘導をすることになりました。すると、「そうね。あなたがそこまで言ってくれるのであれば、食堂に行こうかしら」と言って、食堂まで出て来るようになりました。

さらに、男性職員から歩く能力が残っているのだから、リハビリに通ったほうが良いと促されると、すぐに、近くの綜合病院のリハビリテーション室に通うことも決まりました。

実は、このリハビリテーションは、Hさんにとって、さらなる幸福の時間になりました。それは、理学療法士の先生の中に、好みの若い男性がいたからです。それからは、毎週2回のリハビリは至福の時となりました。

ホームからは、お気に入りの男性職員に付き添われて病院に行き、病院ではお気に入りの理学療法士の先生から施術を受けます。ひと汗かいた後、男性職員と病院内の喫茶店でお茶を飲み、談笑をした後、ホームに帰ってきます。これが毎週のリハビリ日の日課になりました。
現金なもので、心なしかHさんが居室から出てくる機会が多くなったように思えます。

しかし、皮肉なもので、よい時間は長くは続きません。お気に入りの男性職員が会社の都合で、他のホームに転勤することが決まってしまったのです。来月にも他のホームに転勤します。多くの介護職員からは、来月のHさんの行動が心配なので、何とかならないかという訴えがホーム長に上がりましたが、ホーム長からの回答は、相当がっかりすることは想像できるが、しかし、彼女一人のために、会社の決定事項を覆すことはできない、というものでした。

予定通り、男性職員は転勤していきました。結局、転勤のことはHさんには伝えていません。数日後、他の介護職員に対し、Hさんより「最近○○さんの顔が見えないようだけど」という、恐れていた確認がありました。隠しておくことはできないので、介護主任が転勤したことをHさんに伝えました。しかし、彼女はわれわれの期待を裏切り、間髪を容れずに提案をしてきたそうです。「今月から私のリハビリの同行は、○×君にお願いできるかしら」と。がっかりするどころか、嬉しそうにそう言ったそうです。

Hさんのリハビリ通院は○×職員により続いています。そして、彼女のお気に入り職員は、○×さんに移行しています。口の悪い介護職員は「結局、若い男なら誰でもいいんじゃない」などと揶揄（やゆ）しています。

結論から申し上げると、Hさんが気を許し、受け入れてくれる理由は、容姿ではなく、毎日のように聴いているお気に入りのロック歌手のファンであることだったようです。前任職員も、後任職員も、リハビリテーション病院の先生も、3人とも、このロック歌手の大ファンであったことが理由だったのです。

それから半年後、Hさんは脳出血で亡くなりました。葬儀会場には、お坊さんの姿はありません。その代わり、Hさんの写真の横に、大きなお気に入りのロック歌手の写真が飾られ、特別仕様の車椅子に装備されたCDデッキから、大音量でロックが流れていました。

「アイラブユー　OK?」。きっとHさんの声が葬儀会場の参列者にも聞こえていたはずです。

切りとり線

★読者のみなさまにお願い

この本をお読みになって、どんな感想をお持ちでしょうか。祥伝社のホームページから書評をお送りいただけたら、ありがたく存じます。今後の企画の参考にさせていただきます。また、次ページの原稿用紙を切り取り、左記まで郵送していただいても結構です。

お寄せいただいた書評は、ご了解のうえ新聞・雑誌などを通じて紹介させていただくこともあります。採用の場合は、特製図書カードを差しあげます。

なお、ご記入いただいたお名前、ご住所、ご連絡先等は、書評紹介の事前了解、謝礼のお届け以外の目的で利用することはありません。また、それらの情報を6カ月を越えて保管することもありません。

〒101-8701（お手紙は郵便番号だけで届きます）
祥伝社　新書編集部
電話03（3265）2310
祥伝社ブックレビュー　www.shodensha.co.jp/bookreview

★本書の購買動機（媒体名、あるいは○をつけてください）

＿＿＿新聞の広告を見て	＿＿＿誌の広告を見て	＿＿＿の書評を見て	＿＿＿のWebを見て	書店で見かけて	知人のすすめで

★100字書評……老人ホーム リアルな暮らし

名前

住所

年齢

職業

小嶋勝利　こじま・かつとし

1965年、神奈川県生まれ。長年、大小さまざまな老人ホームに介護職員や施設管理者として勤務した後、民間介護施設紹介センター「みんかい」の経営スタッフとなる。「みんかい」は、相談者に見合う老人ホームを斡旋する国内最大級の組織である。老人ホームの現状と課題を知り尽くし、数多くの講演を通じて、施設の真の姿を伝えることを使命として活躍。祥伝社新書に『誰も書かなかった老人ホーム』がある。

老人（ろうじん）ホーム　リアルな暮（く）らし

小嶋勝利（こじまかつとし）

2019年3月10日　初版第1刷発行
2021年4月5日　第2刷発行

発行者……………辻 浩明
発行所……………祥伝社しょうでんしゃ
〒101-8701　東京都千代田区神田神保町3-3
電話　03(3265)2081(販売部)
電話　03(3265)2310(編集部)
電話　03(3265)3622(業務部)
ホームページ　www.shodensha.co.jp

装丁者……………盛川和洋
印刷所……………堀内印刷
製本所……………ナショナル製本

Printed in Japan　ISBN978-4-396-11562-3　C0236

〈祥伝社新書〉
「心」と向き合う

183
般若心経入門
276文字が語る人生の知恵
永遠の名著を新装版で。いま見つめなおすべき「色即是空」のこころ
松原泰道

204
観音経入門
悩み深き人のために
安らぎの心を与える「慈悲」の経典をやさしく解説
松原泰道

188
歎異抄の謎（たんにしょうのなぞ）
親鸞をめぐって・「私訳 歎異抄」・原文・対談・関連書一覧
親鸞は、本当は何を言いたかったのか？
作家
五木寛之

076
早朝坐禅
凛（りん）とした生活のすすめ
坐禅、散歩、姿勢、呼吸……のある生活。人生を深める「身体作法」入門！
宗教学者
山折哲雄

308
神（サムシング・グレート）と見えない世界
「神」とは何か？「あの世」は存在するのか？医学者と科学者による対談
東京大学名誉教授
矢作直樹
筑波大学名誉教授
村上和雄

〈祥伝社新書〉
話題のベストセラー！

412
逆転のメソッド 箱根駅伝もビジネスも一緒です
箱根駅伝連覇！　ビジネスでの営業手法を応用したその指導法を紹介
青山学院大陸上競技部監督 原 晋

420
知性とは何か
日本を襲う「反知性主義」に対抗する知性を身につけよ。その実践的技法を解説
作家・元外務省主任分析官 佐藤 優

495
なぜ、東大生の3人に1人が公文式なのか？
世界で最も有名な学習教室の強さの秘密と意外な弱点とは？
育児・教育ジャーナリスト おおたとしまさ

508
「宇宙戦艦ヤマト」の真実 ――いかに誕生し、進化したか
発案者だから知りえる、大ヒット作誕生秘話！
作家 豊田有恒（とよたありつね）

532
誰も書かなかった老人ホーム
天国か地獄か。どう選び、どう見極めたらいいかを、業界通がアドバイス
小嶋勝利